에센스 커피

Essence Coffee

홍 경 옥 저

기문사
www.kimoonsa.co.kr

머리말

세계적으로 볼 때 석유와 함께 물동량이 많은 것이 커피이다. 우리나라에 커피가 소개된 지 120년이 지난 지금 연평균 커피소비량이 350잔이라고 한다. 우리나라의 커피 문화는 대기업에서 생산하여 판매해 온 인스턴트커피가 주도해 왔기 때문에 커피가 지니고 있는 기본적인 맛이나 향보다는 커피믹스의 달콤한 맛에 빠져들었던 것도 사실이다.

최근 생활수준의 향상과 건강에 대한 관심이 늘어나면서 젊은 사람들을 위주로 에스프레소를 즐기기 시작하였고, 또한 핸드 드립까지 실로 다양한 커피를 즐겨 마시는 애호가들이 늘어나는 추세이다. 커피에 대한 색다른 맛의 경험을 원하는 애호가도 늘어나고 있고, '스페셜티 커피'의 다채로운 향미와 고품질의 커피가 커피시장의 새로운 트랜드이다.

커피시장은 커피믹스, 인스턴트커피, 원두커피, 커피음료시장으로 세분화되고 있고 시장에서의 성장추세는 매우 높다.

커피는 단순한 기호품이 아닌 현대인의 필수품이다. 커피는 음료시장뿐만 아니라 외식산업에서도 중요한 부문으로 자리 잡고 있다.

커피 시장의 증대는 커피전문점, 커피머신, 커피원두, 커피 관련 소모품, 커피교육 시장까지 급속도로 증가하고 있다. 또한 바리스타, 커피 마스터 등 새로운 직업이 창출되고 있으므로 커피를 제대로 알고 올바로 즐길 수 있는 것이 필요하다.

이 책은 커피를 알고자 하는 사람들에게 커피에 대한 기초 지식은 물론 커피 추출을 위한 기술을 함께 습득할 수 있도록 기술하였다. 또한 커피와 관련된 분야에서 종사하고자 하는 사람들을 위해 바리스타로서의 자질을 향상할 수 있도록 기본적인 내용에 충실하였다.

본 교재를 맡아서 출판하여 주신 기문사 관계자들께 깊은 감사를 드립니다.

저자 씀

차 례

Ⅴ. 추출(Brewing)

I

커피의 이해

I

커피의 이해

01 커피의 발견과 전파

커피는 현재 세계에서 가장 인기 있는 음료이며, 인간이 마시는 기호음료 중 가장 많이 마시는 것이 커피라고 한다. 커피나무가 언제부터 있었는지 언제부터 커피를 마시기 시작했는지 정확히 알 수는 없으나 아프리카 원산지에서부터 전파된 커피는 북회귀선과 남회귀선 사이의 평원과 산악을 중심으로 재배되어 왔다. 커피 열매의 씨를 볶아서 갈아서 마시게 된 커피는 시대에 따라서 관장제, 신경안정제, 수명 연장제, 각성제 등으로 처방되기도 하였으며, 오늘날은 기호음료로 즐겨 마신다.

커피의 품질은 커피나무의 품종, 토양 조건, 재배지의 고도에 따라서 좌우되며, 커피 콩의 가공 과정에 따라 달라지는데 아로마, 바디, 산도, 풍미에 의해서 결정된다.

1) 커피의 발견

■10세기
커피는 에티오피아 아비시니아에서 발상되어 아라비아 반도에 서서히 전파된다.

커피는 고대 아비시니아(Abyssinia) 땅, 즉 현재의 에티오피아가 커피의 발상지로 추정되고 있다.

커피에 대한 기원은 여러 가지가 있으나 칼디의 설과 오마르의 설이 대표적이다.

칼디(Kaldi)에 관한 설은 유커스(William Ukers)의 「커피의 모든 것(All about coffee)」에 소개되고 있다. 옛날 6~7세기경 에티오피아에 칼디라는 염소치기 소년이 살았는데 소년은 산기슭을 구석구석 누비는 염소(goat)들을 따라 노래를 부르며 피리를 불었고, 소년이 집으로 돌아가기 위해 피리를 불면 풀을 뜯어 먹던 염소는 소년이 있는 곳으로 돌아왔다.

그러던 어느 날 오후 칼디가 피리를 불어도 염소들은 돌아오지 않았고 염소들을 찾아 나선 칼디는 염소들의 울음소리가 나는 곳으로 찾아가 보니 어떤 빨간 열매가 열려있는 나무 아래서 염소들이 흥분해서 날뛰며 울고 있는 모습을 보았다. 염소들은 어떤 나무의 빨간 열매와 녹색 잎을 뜯어 먹고 춤을 추듯 날뛰는 것이었다.

■커피의 발견
칼디의 설, 오마르의 설, 모하메드의 전설 등이 있다.

칼디는 염소들이 죽을까봐 걱정을 하였으나 별 이상이 없었으며, 그 다음 날 염소들은 그 숲으로 가자 열매와 나뭇잎을 먹은 뒤 똑같이 날뛰며 흥분하였다. 칼디도 따라서 잎사귀와 열매를 먹어보니 기분이 좋아져서 저절로 노래가 흘러나왔고, 피곤하지도 않았으며, 기분이 밝아지는 것을 느꼈다, 칼디는 수도원의 승려에게 그 신비한 나무에 대해 이야기를 하였고, 수도원에서 수행을 하면서 피곤을 느끼던 승려들 사이에서 커피가 졸음을 쫓고 활력을 찾을 수 있는 수도의 묘약이라는 소문이 퍼지게 되었다. 그 후 커피의 빨간 열매는 승려들이 기도 중에 잠이 들지 않도록 하는 종교적 목적으로 사용되었다고 전해지는데 그들에게 커피는 '잠을 쫓고 영혼을 맑게 해주는 신의 축복' 같은 것이었으므로 에티오피아 문화에 없어서는 안 될 요소로 자리 잡게 되었다.

오마르에 관한 설은 1258년 아라비아 승려 세이크 오마르(Sheik Omar)가 죄를 짓고 오사바(Ousab)라는 산으로 추방되었다. 배고픔에 지쳐 산속을 헤매다가 우연히 새가 빨간 열매를 쪼아 먹는 것을 보고 자신도 그 열매를 따 먹어 보니 곧 피로가 풀리고 기분이 상쾌해지면서 심신에 활력이 되살아나는 것을 느끼고는 그 열매를 이용해 많은 환자들의 병을 낫게 해주었다. 이 일로 오마르는 왕으로부터 사면을 받고 유배에서 풀려나게 되었고 이슬람 성자로 추대되었다고 한다.

커피의 발견에 관한 여러 가지 설 중 가장 일반적으로 알려진 것은 '칼디'에 관한 설이며, 칼디가 커피나무를 발견했다는 '카파(Kaffa)' 지방이 '커피'라는 말의 어원이 되었다고 한다.

2) 커피의 전파

커피가 처음 경작된 시기를 정확히 알 수는 없지만 고대 예멘을 침략한 에티오피아인들이 커피나무를 예멘의 고지로 옮겨 심어 커피를 경작하였다는 설, 아랍의 무역상이 커피를 가져와 예멘 지역에서 처음 경작되었다는 설, 675년경 아라비아반도에서 처음으로 경작되었다고 보는 설이 있다. 예멘을 통해 커피가 아라비아 반도에 전파되었으며 그 당시에는 커피가 약용이나 종교의식에 주로 사용되었다.

■ 커피의 전파 경로
에티오피아 → 예멘 → 터키 → 유럽 → 인도 → 이탈리아 → 네덜란드 → 실론 → 인도네시아 → 영국 → 프랑스 → 마르티니크 → 기아나 → 콜롬비아 → 브라질

처음부터 커피를 음료로서 마신 것이 아니라 단순히 잎사귀를 씹어서 먹거나 잎과 열매를 약한 차처럼 뜨거운 물에 끓여 먹는다든지, 과육을 발효시켜 술을 만들기도 했고, 커피 열매의 껍질을 살짝 볶아서 달콤한 음료로 만들어 마시기도 했다.

현재 우리가 마시는 방식의 커피, 즉 생두를 볶고 갈아서 끓여 마시게 된 것은 15세기 정도로 보고 있으나, 문헌상으로는 10세기 페르시아의 의사 라제스(Rhazes, 865~925)의 「의학집성」, 아라비아인 의사 아비센나(Avicenna, 980~ 1037)의 「의학법전」에 오늘날의 커피로 추정되는 음료(bunn, Bunchuam)에 대해 언급하였는데 "손발에 활력을 주고 피부를 정

화하고 피부 안쪽의 습기를 말려 주며 온몸에서 아주 좋은 냄새가 나게 해준다."고 기록하였다. 이 기록은 12~13세기에 라틴어로 번역되어 유럽에서 17세기까지 의학서로 활용되었으며, 이 당시 유럽의 의학자와 성직자는 커피의 효능, 특히 각성효과를 잘 알고 있었던 것으로 보여진다. 그러나 그 당시 커피는 유럽인들에게 전해지지는 않았다.

커피는 주로 이슬람 수도승들이 수양 중 잠을 쫓고 원기회복의 식품으로 인식되며 성스러운 것으로 취급되었고 약 11세기경 에티오피아에서 홍해를 건너 예멘으로 이식되고 대량 경작이 시도되었다. 이 당시 커피는 주로 사라센제국의 이슬람 사원의 독점물이었다.

커피의 원산지는 아프리카 북부 에티오피아가 확실시되지만, 오늘날 우리에게 익숙한 커피는 아라비아반도 예멘 지역의 아랍인들이 처음 마신 것으로 추정된다. 커피가 처음 아라비아에 등장한 시기는 알려지지 않고 있다. 그러나 1997년 아랍에미리트 항구도시 두바이 근처에서 고고학 연구팀이 12세기 것으로 추정되는 커피원두를 발굴함에 따라, 예멘으로 커피가 도입된 시기 역시 12세기로 보고 있다.

커피는 아라비아 반도의 예멘(Yemen)지역에서부터 15세기 무렵 아랍세계로 퍼진다. 그 당시 아라비아의 예멘에서만 커피의 재배가 이루어졌고, 타국으로의 반출을 엄격히 제한하였다. 커피의 반출을 못하게 하기 위하여 씨앗을 반출하기 전 끓는 물에 담가 발아하지 못하게 하였고, 커피가 발아할 수 없었기 때문에 커피의 재배는 쉽게 전파되지 않았다.

1475년 이스탄불에 최초의 커피하우스 키바한(Kiva Han)이 문을 열었다.

한편, 16세기 독일, 이탈리아, 네덜란드의 식물학자와 여행가들이 지중해 동부로부터 커피에 대한 정보를 전하기 시작하며 1616년 네덜란드에 의해 커피나무가 성공적으로 옮겨진다. 네덜란드는 1658년 실론섬에서 커피를 경작하기 시작한다.

■11~16세기

아라비아 반도의 이슬람교도들이 커피를 약용으로 마셨고, 이로 인하여 커피의 주생산지가 예멘으로 옮겨졌다.

17세기 런던의 커피하우스

■17세기

커피가 본격적으로 전파되기 시작하였으며, 17세기 중반 유럽으로 전파되어 많은 사람들이 커피를 마시게 되었고, 유럽 각국은 자국에서 생산할 수 없는 커피를 식민지에서 경쟁적으로 생산하기 시작하였다.

■18세기

커피경작이 아시아와 라틴 아메리카에 전파되었다.

■19세기

커피도구의 발달과 함께 로스팅과 다양한 방법으로 커피를 추출하였다.

■20세기~

커피가 세계적인 기호음료로 확산되었다.

커피가 세계 각국으로 본격적으로 전파되었던 시기는 17세기 전후의 제국주의 시대에 유럽 각국이 새로운 항로를 발견하고 식민지를 개척하면서, 동시에 커피나무를 심기에 적합한 지역들을 발견한 때부터이다.

네덜란드, 프랑스, 영국, 포르투갈 등의 유럽 제국주의는 식민지를 개척하면서 그 곳에 커피묘목을 이식하기 시작하여 오늘날의 커피벨트라고 하는 커피생산지역을 형성시켰다.

네덜란드는 인도의 커피를 자바섬으로 이식하여 재배영역을 넓혔으며, 자바에서 재배된 커피나무(아라비카종)는 1706년 유럽 최초로 암스테르담 식물원에 도착하게 되었고, 그 후 식물원에 배포되었다.

네덜란드가 커피 재배지를 수마트라, 셀레베스, 티모르, 발리 등으로 확대시키고 있을 무렵, 프랑스 또한 자국의 식민지에 커피를 재배하고자 하였으나 모두 실패하였다. 이후 프랑스와 네덜란드 간의 위트레흐트 조약(1713년)기념으로 프랑스는 네덜란드로 부터 커피나무를 선물받게 된다.

커피나무를 처음 경작한 것은 예멘이며, 유럽 최초로 커피나무를 경작한 나라는 네덜란드인데 식민지인 인도네시아의 자바섬에서 커피를 재배하였다.

초기의 커피를 마시는 방법은 커피콩을 둘러싸고 있는 껍질과 과육으로 만들어 내거나 커피 콩 그 자체만으로 만들어서 마시게 되었다. 지금과 같이 커피를 볶아서 마시게 된 것은 1450년경 페르시아(Persia)로 추측된다. 커피가 볶아 추출하는 음료가 되면서 커피 음료는 카파(Kaffa)라 불렸다.

커피를 처음 발견한 시기에는 커피 열매를 수프나 차로 끓여마셨다고 한다. 그 후 아라비아에서는 커피를 볶아서 갈아 물과 함께 끓여 커피가루가 가라앉으면 위에 뜬 커피 원액만을 마셨다.

3) 커피의 어원

처음에는 커피에 소금이나 향신료 등을 넣었는데 터키에서 유럽으로 전파된 커피라고 하여 터키 커피(Turkish Coffee)라고 불렀다.

커피의 어원은 에티오피아어 카파(kaffa)지역에서 커피가 발견되었고, 카파가 '힘'을 의미하기 때문에 카파가 어원이라는 설과 카와(qahwa 또는 khawah, 와인을 뜻함)라는 아랍어가 어원이라는 설이 있는데 이슬람의 커피문화가 베네치아 등 교역을 통해 유럽으로 건너간 만큼 카와가 어원이라는 설이 더 일반적이다.

카파(kaffa)는 아라비아를 거치면서 와인을 뜻하는 카와(qahwa)로 바뀌었다가 오스만투르크제국(터키)을 거치면서 카베(kahve)로 불리게 된다. 유럽에 전파되면서 프랑스식 이름인 카페(café)로 불리다가 1650년경 영국의 헨리블런트 경이 커피(coffee)라는 이름을 붙인 것이 계기가 되어 커피라는 이름이 널리 통용되었다고 한다.

■다양한 커피의 명칭

coffee
café
Kaffee
koffie
caffè
kahve
コーヒー
咖啡

커피를 지칭하는 명칭도 영어 커피(coffee), 프랑스어 카페(café), 독일어 카페(Kaffee), 네덜란드어 코피(koffie), 이탈리아어 카페(caffè), 터키어 카베(kahve), 일본어(コーヒー), 중국어(咖啡) 등 세계 각국에서 커피를 지칭하는 명칭도 다양하다.

4) 우리나라의 커피

우리나라에 커피가 처음 도입된 내력은 확실하게 알려져 있지 않지만 개화기에 유길준이 집필한 「서유견문(1895)」에 청나라를 통해 조선으로 유입되었다는 보고가 있다고 한다.

공식적으로 우리나라에서 커피를 처음 마신 사람은 고종황제이다. 임금이 마셨기에 그것이 역사적 사실로 기록된 것으로 보이는데 고종 황제는 일본군의 공격을 피해 1896년 2월 11일부터 약 1년간 러시아 공사관으로 옮겨 거처하게 되었다. 이 시절 러시아 공사인 베베르(Karl Lvanovich Veber)로부터 커피를 소개받고 쓰고도 달콤한 커피에 매료되어 커피를 즐겼던 것으로 보인다.

궁으로 돌아온 후, 광무4년(1900)에 고종은 덕수궁 내의 동북쪽 경치 좋은 곳에 "정관헌"을 짓게 하고 이곳에서 커피를 즐겨마셨다고 한다. 한국적 분위기가 나는 로마네스크풍의 이 건물이 바로 우리나라 최초의 카페라고 할 수 있는 곳이다.

우리나라에서 커피를 처음 마신 사람은 고종황제로 전해지며, 이 당시에는 가배차, 양탕국이라고 불렸다.

고종은 이곳에서 대신들과 함께 서양 고전음악을 들으며 커피와 다과를 즐겼다. 궁중 카페인 것이다. 고종은 광무 2년(1898) 9월 11일 대신들에게 커피를 특별하사품으로 내리기도 하였다.

커피가 민간에 본격적으로 전파된 것은 개항 직후 세워진 인천의 대불호텔(1888년)의 부속다방에서 커피를 팔면서부터이다. 1902년 서울 최초의 서양식 호텔인 손탁 호텔(Sontag hotel)의 1층에 "정동구락부"라고 불렸던 서울 최초의 커피숍이 등장하게 된다.

대불호텔

우리나라의 커피 문화는 호텔 커피숍으로부터 시작된 것이다. 비록 외교관과 특권층들만이 드나들었던 곳이지만, 입소문을 통해 “가배차”(커피)의 존재를 알게 되고, 1905년 을사조약, 1910년 국권피탈(한일병합조약)을 거치면서 손탁호텔은 퇴락의 길을 걷게 되어 1918년 문을 닫았고, 1914년 조선호텔이 일제강점기 하에서의 차 문화를 선도하였다.

1919년 이후 명동, 충무로, 종로 등지에도 커피점들이 등장하기 시작했다. 명동의 ‘멕시코’ 처럼 다방 주인은 대개 일본인이었다. 그러나 커피값이 너무 비싸 서민들은 엄두도 내지 못했고, 돈 많고 서양 문명을 추구하는 이른바 신식 멋쟁이들만이 커피를 마실 수 있었다.

이후의 커피가 확산되기 시작한 것은 1927년 우리나라 최초의 영화감독인 이경손이 관훈동 입구에 ‘카카듀’ 라는 다방을 개업하였는데 이경손이 직접 차를 끓여내어 유명해졌고, 한국인 최초로 개업한 커피하우스라고 할 수 있다. 또한, 1930년 「날개」의 작가 이상이 다방이 개설한 ‘제비’가 일반인들에게 소개되면서 대 서울의 명물이 되었다.

한국 최초의 오페라 가수 윤심덕은 종로 다방에서 커피를 즐겨 마셨다고 한다. 이 시대의 다방은 예술과 문화소통의 장이었으며 문인들의 집합장소가 되었다.

커피가 한국에 본격적으로 보급된 것은 1945년 이후, 특히 6 · 25전쟁이 끝나고 미군이 주둔하면서부터이다. 미군부대에서 흘러나오는 커피,

특히 값싼 인스턴트커피가 대량으로 보급되었던 것이다. 1967년 보건사회부 통계에 따르면 전국 3,600여 다방이 성업 중이었으며, 이들 다방에서 가장 많이 팔리는 음료가 커피였다고 한다.

당시 유통되던 커피는 연간 420여 톤, 약 340만 달러로 잠정 집계되었다. 커피는 당시 수입 금지 품목이었으므로 유통되는 커피는 대부분 부정 유출된 것이었다. 1950년대 미군에 의해 퍼지기 시작한 인스턴트 커피가 불법적으로 암거래되기 시작하였는데 이는 인스턴트 커피가 국내에 퍼지게 되는 계기가 되었고, 간편함과 인력절감의 장점은 순식간에 커피시장의 흐름을 뒤바꿔 놓았다.

1960년대 다방문화는 명동의 통기타와 청바지 문화로 주도권을 넘겨주기 전까지 거의 15년 동안 인스턴트 커피와 국산 차류를 주로 한 다방(茶房)이라는 이름으로 지하실이나 건물의 2층 등에 자리 잡게 되었는데 커피의 맛과 향을 음미하며 즐긴다는 차원보다는 고객에게 단순하게 공간을 이용의 관점으로 운영되었다.

1968년에 커피는 제한 승인품목으로 바뀌었으나, 관세가 높아 호텔 등에 의한 약간의 원두 수입만으로 한정되었다. 1960년대까지만 해도 커피는 손님에게 대접하는 귀한 음료였다. 커피가 그야말로 숭늉 대신으로 마시는 보편 음료가 된 것은 1970년대이다.

■세계 최초의 커피믹스

1976년 동서식품은 세계 최초의 커피믹스를 개발하였는데 커피 한 스푼에 설탕 3스푼, 크림 2스푼의 이른바 다방 커피의 비율로 우리나라 사람들은 물론이고 일본인, 중국인들이 가장 즐겨 찾는 커피가 되었다.

우리나라에서 커피가 만들어진 것은 1970년대 초반 동서식품에 의해서였다. 미국 제너럴 후드社와 기술제휴한 동서식품은 맥스웰하우스 커피를 국내에서 생산했고 미원음료, 한국 네슬레 등이 뒤를 이어 커피 생산에 나섰다. 동서식품은 1970년 국내 최초로 인스턴트커피 생산에 성공, 커피 가격을 획기적으로 낮췄다.

이어 동서식품은 1976년 세계 최초로 커피믹스를 개발했다. 커피믹스는 커피, 크림, 설탕을 소비자의 입맛에 맞춰 표준화한 비율로 섞어 낱개 포장한 것으로 이른바 다방커피의 비율이었다. 동서식품은 커피, 설탕, 크림을 배합하여 개별 포장을 함으로써 어디서나 간편하게 마실 수 있는 커피믹스로 크게 성공을 하였고, 이후 우리나라는 인스턴트 커피 왕국이 되었다.

외국에선 원두 커피가 주종을 이루고 있지만 한국에선 인스턴트 커피가 편의성과 마케팅에 의해 커피 시장을 장악, 세계에서 인스턴트 커피를 가장 많이 마시는 나라가 되었다. 1980년대가 지나면서 인스턴트커피는 국민 음료로 전성기를 누리게 되었다.

1980년대는 세계화되어 가는 문화의 전환점으로서 전문 커피점이 유행하게 되었는데 다방이 지하나 어두운 조명과 단순한 인스턴트 커피의 메뉴라는 점에 식상해 있던 사람들에게 테이블마다 커피 설명서를 붙여 놓고 손님들에게 원두커피에 대한 지식을 알리며 다양한 커피메뉴를 통해 대학가를 중심으로 원두커피의 확산을 가져왔다.

이에 따라 다방의 감소추세는 불가피하게 되었으며, 새로운 본격적인 커피문화가 시작되는 시기에 접어든다. 이 시기 원두커피는 헤즐넛, 바닐라 등의 향을 가미한 향커피를 위주로 발전하였다.

1987년 커피의 수입자율화가 발표되면서 이듬해부터 본격적으로 원두커피가 수입되기 시작하였고, 거리에는 원두커피 전문점이 생겨나기 시작했고, 세련된 인테리어로 젊은 층을 끌어들이는데 한몫했다.

1990년대 초반에는 원두를 분쇄한 커피가루를 여과지에 넣고 뜨거운 물로 걸러낸 드립식 커피, 즉 원두커피가 큰 인기였다. 그러나 1990년대 말 커피를 종이컵에 담아주는 미국식 테이크아웃 커피점이 소개되면서, 테이크아웃 커피점에서 주로 판매하는 맛과 향이 진한 에스프레소와 에스프레소에 우유, 시럽, 향신료 등을 첨가한 커피음료로 주도권이 넘어갔다.

1999년 7월 스타벅스 1호점이 서울 이화여대 앞에 오픈하면서 좋은 품질의 에스프레소 커피와 테이크아웃, 셀프서비스라는 새로운 커피문화를 선도하기 시작하였다. 또한 커피빈, 카페 네스카페, 세가프레도, 글로리아진스, 자바 등의 외국계 테이크아웃 브랜드들이 한국 시장에 뛰어들었다. 카페베네, 이디야, 엔제리너스 등 한국 브랜드들도 테이크아웃 사업을 시작하고 매장 수를 늘리고 있다.

1999년 7월 25일 스타벅스 1호점 이화여대점이 오픈했다.

한국 테이크아웃 커피 시장이 뜨겁게 달아오르자 아예 한국에서부터 사업을 시작한 외국업체도 등장하였다.

커피의 대중화와 더불어 커피에 부과되었던 특별소비세가 2000년 1월 1일 폐지됨에 따라 커피가 생필품의 하나로 굳건히 자리 잡게 되었다.

전체 원두커피 시장 중 테이크아웃 커피점을 이용하는 주요 고객은 여성이다. 할리스, 엔제리너스의 경우 80%, 스타벅스와 커피빈도 60~70% 이상이 여성 고객이며, 에스프레소 전문점들이 여성들이 좋아하는 달콤한 메뉴 개발에 열을 올리는 이유가 바로 이 때문이다. 우리나라 사람들은 진한 에스프레소만을 마시기보다는 에스프레소에 우유, 설탕, 향신료 등을 첨가한 카푸치노, 카페라테 등을 주로 마신다.

다방이 사랑방 역할을 해온 한국의 기존 커피 문화를 고려하여 외국보다 매장을 크고 고급스럽게 꾸며 앉아서 마실 수 있도록 한 테이블숍(table shop) 형태가 우리나라 커피전문점형태로 더 적합하다고 한다.

2014년 대형 커피전문점들이 스페셜티 커피 매장을 오픈하였고 가격이 비싸더라도 고급 커피를 선호하는 소비자가 꾸준히 늘고 있으며, 스타벅스의 경우 미국, 일본, 한국에서 리저브 매장을 운영한다.

최근 국내 커피시장이 크게 성장하는 동안 저가 커피 열풍이 불고 있는 가운데 커피 시장이 포화상태에 이르렀지만 기존의 대형 커피전문점과 프리미엄 커피전문점들은 스페셜티 매장을 잇달아 열어 고급화된 소비자들 개개인의 취향에 맞는 커피를 제공하고 있다. 커피 가격이 비싸더라도 품질이 좋은 프리미엄 커피에 대한 수요가 꾸준히 증가하면서 엔제리너스의 스페셜티 매장, 스타벅스 리저브 매장이 그 예이다.

리저브 커피는 전 세계 커피 원산지 중 극소수 농장에서 재배된 세계 최고 품질의 원두만을 선별해 로스팅한 프리미엄 커피를 주문과 동시에 1잔 분량의 원두를 계향해 전용 그라인더에 갈아서 커피마스터의 커피 설명과 함께 리저브 커피 추출기로 추출하여 신선하게 제공한다.

또한 단순히 커피음료만을 판매하는 것이 아닌 빵, 샐러드 등을 함께 파는 것은 물론이고 커피와 옷, 그릇, 꽃, 화장품 등을 함께 파는 다양한 형태의 복합 커피 매장이 생겨나고 있다. 또한, 커피를 매장에서 직접 볶는 매장과 고객이 직접 핸드드립을 할 수 있는 커피전문점이 증가하고 있다.

또한 다양한 액상 커피류 등이 편의점이나 마트에서 판매되고 있고, 반면 유리병 등에 담아 판매하는 열풍건조나 동결건조 형태의 인스턴트커피는 점차 매출이 줄어들고 있다. 인스턴트커피가 주로 자판기나 사무실, 야외에서 소비되고, 가정에서는 원두커피가 일반화된 요즈음 당연한 현상이라고도 볼 수 있으며, 단순히 커피를 마시는 것에 만족하지 않고 고급스러운 커피를 찾게 되기 시작한 것이다.

02 커피의 식물학적 의의

커피는 인간이 물 다음으로 많이 마시는 음료이다. 커피는 커피나무에서 열리는 커피열매 한가운데에 들어 있는 커피의 씨앗, 즉 커피원두를 원료로 한다. 커피나무는 꼭두서니과에 속하는 쌍떡잎 식물의 상록수로 아프리카 북부 에티오피아가 원산지이다.

커피나무는 꼭두서니과에 속하는 쌍떡잎 식물로 열매는 긴 타원모양이고 길이가 15~18mm이며, 붉은색으로 익는데 우리가 먹는 커피는 과육이 아닌 씨앗을 먹는 것이다.

커피나무는 높이가 6~8m이며, 품종에 따라 10m 이상 자라기도 하는데 가지는 옆으로 퍼지고 끝이 처져 있다. 잎은 타원형의 두껍고 짙은 녹색에 광택이 난다. 지름 1cm의 작고 흰 꽃이 잎겨드랑이에 3~7개씩 몰려피는데, 재스민 꽃과 비슷한 향이 난다. 적도 아래위로 25도 이내, 연평균 강우량 1,500mm 이상인 열대 및 아열대 지역에서 자란다. 커피열매는 길이가 15~18mm 정도 되는 타원형이며, 초록색에서 붉은색으로 익는다. 과일 중 체리의 모양과 색이 비슷하다고 해서 체리(cherry)라고도 불린다. 체리는 붉은 껍질 아래 과육이 있고, 그 안에 커피생두 2개가 들어 있다.

■커피의 구성

외과피 → 과육 → 내과피(parchment) → 실버스킨 → 커피종자(2개가 마주 봄)

생두는 내과피(內果皮)와 그 안에 있는 또 다른 은색의 얇은 막에 감싸여 있다. 체리가 익으면 끈적한 점액이 내과피를 다시 감싼다. 체리 1개에는 납작한 면이 서로 마주보며 붙어 있는 한 쌍의 길쭉한 반원형 종자가 한가운데에 있다. 이것이 바로 커피생두이다.

커피생두는 잿빛을 띤 흰색이고 평평한 면 한가운데에 홈이 파여 있다. 날것의 커피생두는 쓰기만 할 뿐, 특유의 풍미는 없다. 커피원두를 볶았을 때만이 비로소 우리에게 익숙한 갈색과 구수한 향기를 품게 되는 것이다.

커피생두는 수분, 회분, 지방, 섬유질, 당분, 타닌, 카페인 등의 성분을 함유하고 있다. 전체의 30%쯤을 차지하는 당분이 원두를 볶는 과정에서 커피 특유의 갈색으로 변하며, 향기와 감칠맛을 증대시키는 역할을 한다. 12~16% 정도 함유된 지방은 커피의 향과 관련이 있다.

커피 특유의 쓰고 떫은맛은 타닌 때문이다. 타닌은 레드와인에도 다량 함유되어 있다. 커피의 가장 특징적인 성분은 카페인이다. 카페인을 섭취해 각성효과를 얻으려고 커피를 마신다고 해도 과언이 아닐 것이다.

고급 아라비카 커피는 평균 1%, 값싼 로부스타 커피는 평균 2% 정도의 카페인을 함유하고 있다. 커피 한 잔(8온스)에 100㎎, 즉 소금 한 알 정도의 카페인이 들어 있다고 보면 된다. 이는 홍차 두 잔 또는 콜라 등의 청량음료 두 캔(12온스 기준)에 포함된 카페인과 같은 양이다.

03 커피의 품종

커피나무는 아프리카 에티오피아가 원산지인 다년생 쌍떡잎 식물이다. 열대성 상록교목(perennial evergreen)으로 꼭두서니(Rubiaceae)과의 코페아(Coffea) 속(屬)에 속한다. 코페아속에는 아라비카(Coffea arabica), 카네포라(Coffea canephora), 리베리카(Coffea liberica), 엑셀라(Coffea exela) 등이 있다. 코페아속에는 대략 100여 종이 있는데 아라비카, 카네포라, 리베리카를 3대 원종이라고 한다.

커피나무는 아라비카 종과 카네포라 종이 대표적이며, 로부스타는 카네포라 종이다.

아프리카와 아시아 열대지방에 약 40여 종의 커피나무가 존재하지만, 커피 생산용으로는 아라비카(Arabica) 종과 카네포라(Canephora) 종이 주로 재배된다. 커피생두를 구분할 때는 흔히 아라비카와 로부스타(Robusta)로 구분하는데, 이때 아라비카는 아라비카 종 커피나무의 열매이며, 로부스타는 카네포라 종에 속한 여러 품종 중 하나인 로부스타 커피나무의 열매를 지칭한다.

커피나무는 아라비카 종과 카네포라 종이 주로 재배된다.

카네포라 종에는 아프리카 중부를 원산지로 하는 리베리카(liberica) 커피나무도 있으나, 원두의 품질이 열등해 소량만이 생산 · 소비된다. 로부스타, 리베리카 등의 커피나무들이 2쌍의 염색체를 지닌 반면, 아라비카는 4쌍의 염색체를 지니고 있다. 다른 커피나무는 꽃이 피고 10~11개월이 지나야 커피열매가 빨갛게 익는 반면, 아라비카는 9개월이면 충분하다.

커피 품종에 따라 수확량과 시기가 매우 다양하다.

해발 1,000~2,000m의 높은 산비탈에서만 재배되는 아라비카는 지대가 낮을 경우 열을 지나치게 많이 받을 우려가 있고, 지대가 높을 경우에는 얼 위험이 있다. 덥지도 춥지도 않은 섭씨 15~24도의 기온에서 연평균 강우량 1,500~2,000mm의 지나치게 습하지 않은 규칙적인 비와 함께 따갑지 않으면서도 충분한 햇볕을 받아야 한다.

뿐만 아니라 병충해에 약하기 때문에 언제나 인간들의 시중을 받고 산다. 수확량은 헥타르(ha)당 1,500~3,000kg으로 로부스타의 절반 수준에 불과하다.

1) 아라비카(Arabica)종

아라비카는 까다로운 재배조건을 갖고 있는데 평균 기온은 15~24도 정도가 적합하며, 우기와 건기의 구분이 필요하다. 또한, 유기질이 풍부하고 배수가 잘 되는 화산재 토양, 적당한 햇빛, 800m 이상의 고지대일수록 좋다. 반면, 집중호우나 강한 바람은 좋지 않다.

아라비카종은 에티오피아가 원산지이다.

아라비카 커피나무는 원산지가 에티오피아로, 해발 500미터에서 1000미터의 고지대에서, 기온 15도에서 25도에서 잘 자라는 품종이다. 1753년 스웨덴 식물학자 카롤루스 린네(Linnaeus)에 의해 처음으로 학계에 등록되었다. 가장 많이 알려진 품종으로는 티피카(Typica)와 부르봉(bourbon)이 있으나, 커피 재배가 전 세계로 확대되면서 다양한 품종이 계속 등장했다.

아라비카는 병충해에는 약하지만 미각적으로 우수한 품종으로 성장속도도 느리지만 향미가 풍부하며 로부스타보다 카페인이 적게 들어 있다. 전세계 산출량의 70%는 브라질, 콜롬비아, 멕시코, 과테말라, 에티오피아, 하와이, 인도 등에서 자란다.

아라비카는 로부스타보다 병충해에 약하나 향미가 풍부하고 카페인이 적다.

브라질과 콜롬비아에서 재배되는 카투라(Caturra), 브라질의 문도 노보(Mundo Novo), 중앙아메리카의 티코(Tico), 세계에서 가장 비싼 자메이카의 블루마운틴(Blue Mountain) 등이 아라비카 커피에 속한 커피나무 품종들이다.

아라비카는 중남미, 아프리카 중부 및 동부, 뉴칼레도니아, West Coast의 고원, 인도, 인도네시아 일부 지역 등에서 재배된다.

(1) 아라비카의 품종

아라비카는 세계 커피 생산량의 60~70%를 차지하고 있는 대표적인 품종이며 자가수분을 하는 품종이다. 자연적인 돌연변이와 인위적인 품종 개량의 결과로 여러 변형품종이 탄생했으며, 티피카(Typica)와 버번(Burbon)이 대표적 품종이며, 이외에도 S795, 자바품종 등이 있다.

[그림 1] 아라비카 품종

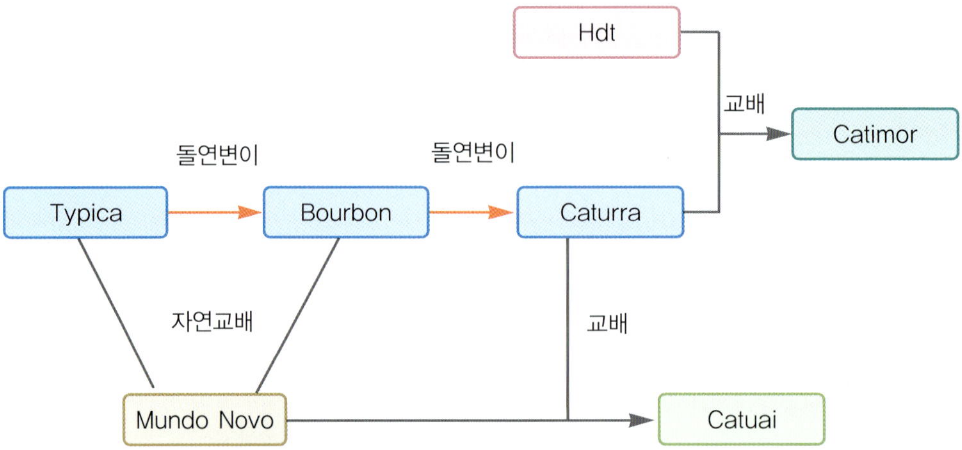

블루마운틴 생두(티피카종)

[표 1] 아라비카 품종의 특성

종류	생성	특성
Typica	아라비카 원종에 가장 가까운 품종	• 콩은 긴 편이고, 좋은 향과 산미를 가짐. • 녹병에 취약함. • Shading이 필요함. • 격년 생산으로 생산성이 낮음. • 카리브해 등지에서 재배되며, 블루마운틴, 하와이코나가 대표적인 Typica 계열임.
Bourbon	Typica의 돌연변이	• Bourbon섬(Reunion섬)에서 발견된 품종 • 콩은 작고 둥근 편이며, 센터 컷이 S자형 • Typica보다 수확량이 20~30% 많음. • 주된 재배지는 케냐, 탄자니아, 브라질, 중미 등
Caturra	Bourbon의 돌연변이	• 콩의 크기는 소형이며, 녹병에 강함. • 나무 키는 작고 신맛이 강함.
Mundo Novo	Bourbon과 Typica의 자연교배종	• 환경적응력이 좋으나 나무의 키가 큰 것이 단점임. • Typica와 Bourbon의 중간적 형태의 특성을 지님. • 1950년부터 브라질에서 재배되기 시작함.
Catuai	Mundo Novo와 Caturra의 교배종	• 병충해와 강풍에 강하며, 매년 생산 가능 • 나무 키는 작으나 생산성이 높음. • 생산기간이 타 품종에 비해 10년 정도 짧음.
Catimor	Hdt와 Caturra의 교배종	• 빠른 성장과 다수확이 가능 • 체리 사이즈가 큰 편임.
Hdt	아라비카와 로부스타의 교배종	• 녹병에 강하며, 콩의 크기가 큰 편임.
Marago gype	Typica의 돌연변이	• 1870년 브라질의 한 농장에서 발견된 품종 • 스크린 사이즈가 20이 넘는 큰 콩으로 코끼리 콩으로 불림.
Kent	인도의 고유 품종	• 녹병에 강하며, 생산성이 높음.

(2) 피베리(Peaberry)

일반적으로 커피 열매인 체리 안에는 두 개의 콩이 있으나 한 개의 종자를 가지고 있는 경우가 있는데 이를 피베리(Peberry) 또는 카라콜리(Caracoli)라고 부른다. 카라콜리는 스페인어로 달팽이를 의미하는 카라콜(caracol)에서 유래된 것으로 달팽이와 모양이 비슷하다고 해서 이러한 이름이 붙여졌다.

커피 체리 속에는 두 개의 종자가 마주 보고 있는데 서로 마주 보는 방향이 평평한데 이러한 형태의 생두를 플랫빈(Flat Bean)이라고 한다.

피베리가 발생하는 원인은 아직 밝혀지지는 않았으나 환경적 조건, 유전적 결함, 불완전한 수정 등을 원인으로 본다. 피베리의 존재는 커피 생산 면에서 하나의 결함으로 간주되어 커피 번식의 평가 기준이 되기도 하는데 일반적으로 수확 시 5~20% 정도 생산되며, 평균 10% 정도가 섞여 있다. 피베리가 1% 증가될 때 전체 생산량은 0.75% 정도 감소하게 된다.

일반적으로 체리 안에는 2개의 종자가 들어있는데 가끔 1개의 종자가 들어있는 것을 카라콜리 또는 피베리라고 한다.

일반 콩(flat bean)과 품질이 비슷하나 커피열매의 맛과 향을 1개의 원두에 응축하고 있기 때문에 커피 애호가들로부터 커피의 진주로 불리며 특별한 사랑을 받고 있어 일부 국가의 피베리는 스페셜 등급으로 팔리기도 한다. 피베리와는 반대로 체리 안에 생두가 3개 이상 들어 있는 경우도 종종 발견되기도 안다.

2) 로부스타(Robusta)종

로부스타는 24~30도 정도의 기온만 유지하면 600m 이하의 웬만한 기후와 토양에서도 경작될 수 있다. 병충해에도 강하여 아라비카보다 재배조건이 덜 까다로운 편이다.

로부스타의 원산지는 콩고이다.

로부스타는 라틴 어원을 공유하는 영어 단어 '로버스트(robust)'가 '강건한', '건장한', '튼튼한', '거친' 등의 의미를 가지고 있는 것에서 짐작할 수 있듯이, 수확량이 많고 재배가 어렵지 않은 커피나무이다. 아프리카 콩고가 원산지로, 평지와 해발 700m의 저지대에서 잘 자라는 품종으로 1895년 처음 학계에 보고되었다.

섭씨 24~30도에 연평균 강우량이 2,000~3,000mm인 열대지역에서 특히 잘 재배된다. 수확량도 헥타르당 2,300~4,000kg으로 많은 편에다 병충해에도 그다지 영향 받지 않는다. 로부스타는 빠른 성장률의 정글 식물로 자극적이고 거친향을 내는 커피 품종으로서 인트턴트 커피에 많이 사용되며 전 세계 산출량의 30% 정도를 차지하고 있다.

인도네시아, 가나, 콩고, 필리핀 등이 주요 생산국이며, 아프리카 중부 및 서부, 중국 일부 지역, 말레이시아, 태국 등 동남아시아, 브라질 일부 지역에서 재배되고 있다.

아라비카는 로부스타와는 비교할 수도 없을 만큼 맛과 향이 월등하다. 높은 고도에서 천천히 여무는 아라비카는 풍부하면서도 복합적인 맛과 향

주된 재배품종인 아라비카의 재배 비율이 감소하고 있는 추세이다.

을 품게 된다. 그러나 많은 국가들이 재배하기 쉽고 수확도 많은 로부스타 재배로 돌아서고 있다. 주된 재배 품종인 아라비카 가 2000년 이후 60% 정도로 줄어드는 등 19세기 로부스타가 발견된 이후 세계 시장에서 아라비카가 차지하는 비율은 계속적으로 떨어지고 있다.

[표 2] 세계의 주요 커피품종별 생산량변화

(단위 : 백만 자루)

종류	2003	2004	2005	2006	2007	2008	2009	2010	2012	2013
아라비카	64	73	70	80	75	79	73	83	81	89
로부스타	42	43	41	48	42	50	50	50	53	36
합계	106	116	111	128	117	129	123	133	134	145

로부스타 생두

아라비카 생두

[표 3] 아라비카와 로부스타의 비교

	아라비카(Aribica)	로부스타(Robusta)
원산지	에티오피아	콩고
발견 시기	6~7세기	19세기 중엽
유전자수	44개	22개
기온	15~24℃(18~22℃)	24~30℃(22~28℃)
지역	열대의 비교적 서늘한 고원지대	고온다습지대
고도	800~2,000m(600~1,500m)	700m 이하(0~800m)
적정 강수량	1,500~2,000mm	2,000~3,000mm
습도	60% 정도	70~75% 정도
나무높이	5~6m	10m
병충해, 서리	약함	강함
뿌리	깊다(가뭄에 강함)	얕다
개화	비가 온 후	불규칙
개화에서 체리	6~9개월	9~11개월
카페인 함량	0.8~1.4%	1.7~4.0%
고형성분(바디)	평균 1.2%	평균 2.0%
맛	향미가 우수, 신맛이 좋음	향미가 약함, 쓴맛이 강함
주요 생산 국가	브라질, 콜롬비아, 코스타리카 등	베트남, 인도네시아, 인도 등
생산	60~70%	30~40%
소비	원두커피 용	인스턴트커피 용

3) 리베리카(Coffea Liberica)종

리베리카 종은 원산지가 라이베리아로 알려져 있다.

3대 원종으로 분류되고 있는 리베리카는 서부 열대 아프리카인 리베리아가 원산지이나 현재는 품질이 좋지 않아 상업적 가치가 없어 거의 사멸되고 있다.

리베리카는 고온 · 다습한 저지에서 재배가 가능하고, 수확량도 많으나 쓴맛이 강하고 수요가 줄어들어 현재는 라이베리아 적도, 말레이시아 저지대, 태국, 베트남, 필리핀, 수리남, 가이아나 등 일부 지역에서만 생산되어 현지에서 소비되고 있으며, 종자개량을 위한 연구용으로 여러 나라에서 재배되고 있다. 리베리카의 외관은 마름모꼴로 생겼으며, 리베리카 품종에는 데베브레이(Deweverei), 엑셀사(Excelsa) 등이 있다.

최근 커피 가격의 폭락은 영세한 커피 재배농가들로 하여금 아라비카보다는 로부스타 재배를 가속화시키고 있고, 아라비카와 로부스타의 장점을 결합한 교배종도 개발되고 있다. 그러나 로부스타 커피나 교배종 커피는 주로 인스턴트커피 등 대중적이고 저렴한 커피에 사용되고 있으며, 고급 커피에는 대부분 아라비카 원두를 사용한다.

04 커피의 재배

커피나무는 추위에 약하여 주로 적도를 중심으로 대략 북위 25° 와 남위 25° 지역에 집중되어 재배된다. 커피나무의 재배 적지는 기본적으로 온도, 수분, 광도, 바람, 토질 및 지형과 같은 환경적 요인에 영향을 많이 받으며, 0℃ 이하에서는 생존이 어렵다고 알려져 있다.

커피나무의 크기는 품종이나 자연환경, 관리 상태에 따라 달라진다. 야생에서는 10m 이상 자라는 경우도 있지만, 수확의 편의를 위하여 지속적으로 가지치기를 해줌으로써 나무의 키를 2~3m 정도로 유지시킨다. 나무의 지름은 10cm 정도이며, 가지는 옆으로 퍼지고 끝은 처진다. 품종과 환경조건에 따라 다르지만, 1년생 커피나무는 가지가 6~10단계까지 발달하며, 2년이 지나면 1.5~2m까지 자라면서 꽃을 피우기 시작한다.

커피나무는 적도를 중심으로 대략 북위 25° 와 남위 25° 사이에서 집중 재배된다.

1) 커피의 재배와 성장

파치먼트(parchment) 상태의 커피 씨앗을 심은 후 40~60일이 지나면 싹이 튼다. 9~18개월이 지나면 50~70cm 정도로 성장하며, 3~4년이 지나면 커피를 수확할 수 있을 정도로 성숙된다. 커피나무는 기후나 토양 등 성장조건에 따라 조금씩 다른 형태를 띄는데, 보통 아라비카의 경우 2~4m, 로부스타의 경우 4~6m 정도 성장하게 된다.

■ 커피나무를 심는 방법

- 로부스타 : 땅에 씨앗을 뿌린다.
- 아라비카 : 모판에서 발아시켜 묘목을 만든 후 농원에 이식한다.

수확을 위해 경작된 커피나무의 종류는 2m의 작은 나무부터 3m의 중간크기, 5m의 큰 나무까지 다양하다. 아라비카 커피나무의 꽃은 곁가지의 잎겨드랑이에 맺히며, 5~6개의 꽃잎을 가진 2~19개의 흰색 꽃송이가 개화된다. 가루받이 후 꽃은 시들고 체리(cherry)라는 열매가 맺힌다. 처음 녹색을 띄고 있는 체리는 기후와 환경에 따라 아라비카는 7~9개월, 로부스타는 9~11개월 동안 익어가며, 지름 1.5cm 정도 크기의 붉은색 열매로 성숙된다.

비옥한 흙과 비료를 섞어 묘판을 만들고 1~2개의 커피 씨앗(파치먼트)을 심는다. 종자를 뿌린 뒤 40~60일 정도 지나면 싹이 돋고, 20~30일이 경과하면 떡잎이 나온다. 발아 후 약 1년이 지나면서부터 꽃이 피기 시작하고 열매도 조금씩 열리며, 식수 후 2년이 지나면 정상적인 커피나무로 성장하면서 수확이 가능한 수준에 도달한다. 3년이 지나면 다량의 수확이 가능할 정도로 자란다.

커피나무 재배할 때 유의할 점은 가지치기이다. 커피나무는 그대로 두면 10m 이상까지 자라기 때문에 필요 이상의 영양분을 소모하여 빨리 노쇠할 수 있다. 따라서 5~7년 주기로 가지치기를 해야 안정된 수확량을 확보할 수 있다.

2) 커피의 수확

커피체리가 다 익고 나면 수확이 시작된다. 수확기는 지리학적인 위치에 따라 달라지지만 한 해에 한 번 수확하는 것이 일반적이다.

우기와 건기의 구별이 뚜렷할 경우 북반구에서는 9월에서 3월까지, 남반구에서는 4월에서 5월까지(8월까지 수확이 계속되기도 함)가 주된 수확기이다. 콜롬비아나 케냐처럼 우기와 건기의 구별이 뚜렷하지 않은 나라에서는 1년에 2번의 개화기가 있어 수확도 2번 이뤄지며, 적도 부근의 나라는 일 년 내내 수확이 가능하다. 수확하는 방식은 농장의 상황에 따라 따내기와 훑기 등의 방법이 사용되며, 최근 대규모 농장에서는 기계를 이용하여 수확하기도 한다.

■커피의 수확 방식
- Hands Picking
- Striping
- Mechanical Picking

따내기는 작업자들이 팀을 이루어 나무 사이를 뒤지며 잘 익은 열매만을 골라 하나씩 손으로 따는 방법으로, 핸드 피킹(Hands Picking)이라고 부르기도 한다. 덜 익은 체리는 남겨 두었다가 다 익으면 따는데, 보통 1주일 간격으로 작업이 이루어진다. 인건비가 많이 드는 단점이 있지만, 잘 익은 체리만 선별하여 수확하기 때문에 고품질의 커피를 생산할 수 있다. 소규모 농원이나 기계식 수확이 불가능한 지역에서 주로 사용하는 방법이다.

훑기(Striping)는 나뭇가지를 손으로 훑어내려 열매를 떨어뜨린 후 빠르게 긁어모으는 방식으로 체리와 잎사귀, 나뭇가지도 함께 떨어진다. 따내기에 비해 대량수확이 가능하지만, 덜 익은 체리까지 한꺼번에 수확되거나 가지와 잎 등 이물질이 포함될 가능성이 높아 전반적으로 품질은 떨어지는 편이다. 또 땅에 떨어진 생두가 박테리아에 전염될 위험성도 있다.

브라질의 대단위 농장에서는 기계를 이용해서 한꺼번에 훑어 수확하는 메커니컬 피킹(Mechanical Picking)의 방법을 사용하기도 하는데 전동 브러시가 달린 기계를 이용하여 체리를 담는 컨테이너가 같이 움직인다. 이 방법은 한 가지에 열려있는 체리가 약 70% 정도 익었을 때 시작하는데 노동력과 인건비는 가장 적게 들지만 덜 익은 체리도 함께 수확되기 때문에 커피의 품질이 떨어진다.

3) 커피의 정제(Processing)

잘 익은 커피체리는 씨앗을 둘러싸고 있는 끈적한 내과피(생두의 껍질, 파치먼트)와 0.5~2mm의 두껍고 당과 수분이 풍부한 아교질의 중과피(과육, 펙틴), 익었을 때 빨간색이거나 노란색인 외과피(껍질)를 가지고 있다.

■ 커피의 과육 제거방법
- 건식법(Dry Method)
- 습식법(Wet Method)
- 반습식법(semi-washed)

보통 체리 1개당 2개인 씨앗(커피콩)은 성장조건과 유전자 형태에 따라 크기, 모양, 밀도가 다를 수 있다. 커피열매 중에서 우리가 사용하는 것은 씨앗인 생두(Green Bean)이다. 따라서 수확한 열매에서 생두 외의 불필요한 과육 부분은 제거되어야 한다. 과육을 제거하는 방법은 크게 건식처리(Dry Processing)과 습식처리(Wet Processing)로 분류되는데 커피나무의 성숙한 열매는 커피의 씨앗을 그 외피와 펄프(과육)로부터 분리시킴으로써 정제된다.

(1) 건식법(Dry Method)

건식법은 전통적인 커피 생산방법으로, 지금도 많은 물을 사용하기 힘든 지역이나 소규모 농원에서 주로 이용되고 있다. 자연건조(Natural Dry)와 인공건조(Artificial Dry)로 나뉜다. 건식에서는 커피 열매를 곧바로 햇볕이나 건조기를 이용해 오랫동안 건조시킨다.

건식법의 경우 건조 후 생두의 수분함량이 12~13%가 되도록 건조시킨다.

자연건조의 경우 햇빛을 이용하기 때문에 별도의 설비에 대한 투자가 필요하지 않다. 수확한 체리 중 덜 익었거나 너무 익은 것, 손상된 것을 제거하는 선별과정을 거친 후 주로 시멘트나 콘크리트로 만들어진 건조장, 또는 맨 땅에 널어 건조하는 방식으로, 약 2주 정도의 시간이 필요하다. 건조기간에는 고르게 마르도록 뒤섞어 주고, 밤에는 이슬을 피하기 위해 한 곳에 모아 덮개를 씌워준다.

건조가 잘 되었을 경우 커피 열매를 흔들면 씨앗과 외과피가 부딪히는 소리가 나는데 이때 수분함량은 약 20% 정도이다. 이렇게 건조된 체리의 과육을 제거하면 커피 생두를 얻게 되며, 이를 다시 건조하여 수분이 12~13% 정도가 되도록 한다. 그 후 크기에 따라 등급을 분류하고 이물질을 제거하게 되는데, 자동화된 설비를 이용하기도 하고 수작업에 의존하기도 한다.

일반적으로 건식으로 처리된 생두를 내추럴(natural), 습식으로 처리된 생두를 마일드(mild)라고 부르기도 한다.

인공건조는 건조탑이라는 설비를 요하며, 인건비가 비쌀 경우 주로 이용하게 된다. 이 때 건조하는 온도가 품질에 미치는 영향은 매우 크다. 보통 50℃의 열풍으로 3일 정도 건조시키고, 건조가 끝나면 자연 건조된 커피와 동일한 과정을 거쳐 생두로 가공된다. 열매의 수분함량이 12%에 이르도록 건조되면 기계에 의해 외피로부터 씨앗을 분리해낸다.

습식법은 펄프제거와 발효 후 파치먼트 상태로 말린다.

(2) 습식법(Wet Method)

습식에서는 수확된 커피 열매를 수조에 담아 물에 뜨는 것들을 제거한 다음 과육을 제거하기 위한 펄핑 머신(Pulping Machine)으로 외과피와 과육을 제거하게 된다. 그 다음 다시 수조에 넣고 물에 뜨는 것들을 제거한 후 발효과정을 거친다. 이는 펙틴(Pectin)이라고 불리는 끈적끈적한 점액질을 제거하는 과정으로, 커피 자체가 가지고 있는 효소와 미생물에 의해서 이루어진다.

1~2일간의 발효 후 물로 지저분한 것들을 씻어내고 건조과정을 거치면 내과피(Parchment)로 둘러싸인 생두를 얻게 된다. 제거 후에도 약간의 펄프가 남아 있게 마련인데, 이것은 탱크 안에 18~36시간 정도 발효시키면 탄수화물이 분해되어 제거된다. 다음에 물로 세척해 잔류 펄프를 씻어내고 햇빛이나 건조기에 수분함량 12% 정도로 건조시킨다. 그 후 기계에 의해 커피콩의 껍질, 내과피, 피막 등을 완전히 제거한 뒤 광택을 내기도 한다.

(3) 반습식법(semi-washed)

습식법은 현대적인 가공방법으로 건식법에 비해 비용은 많이 들지만 건식처리보다 좋은 품질의 커피를 얻을 수 있어서 대부분의 아라비카 생산국에서 사용되고 있다.

최근 반습식법의 가공법을 사용하는 농장이 늘고 있는데 이 방법은 건식법과 습식법이 합쳐진 형태로서 수조에서 체리를 선별하고 과육을 제거한 후 건식법에 의해 건조를 하는 것이다. 반습식법은 시각이나 관능적으로는 건식법의 특징을 그대로 유지하면서로 선별의 정확도를 강화한 가공방법이라고 할 수 있다.

현재 소규모 커피농장이나 스페셜티 커피를 지향하는 농장 등에서 시설을 개보수하면서 반수세식 형태를 많이 도입하고 있다. 일반적으로 생두는 내과피에 둘러싸인 상태에서 품질이 가장 잘 보존되므로 출하 직전까지 내과피 상태로 보관하며, 출하 시에는 내과피 제거기(Huller)로 제거한 후 크기에 따라 분류하고 이물질과 결점두를 제거한 다음 마대에 담아 출하하게 된다. 일반적으로 건식으로 처리된 생두를 내추럴(natural), 습식으로 처리된 생두를 마일드(mild)라고 부르기도 한다.

[그림 2] 커피의 가공 과정

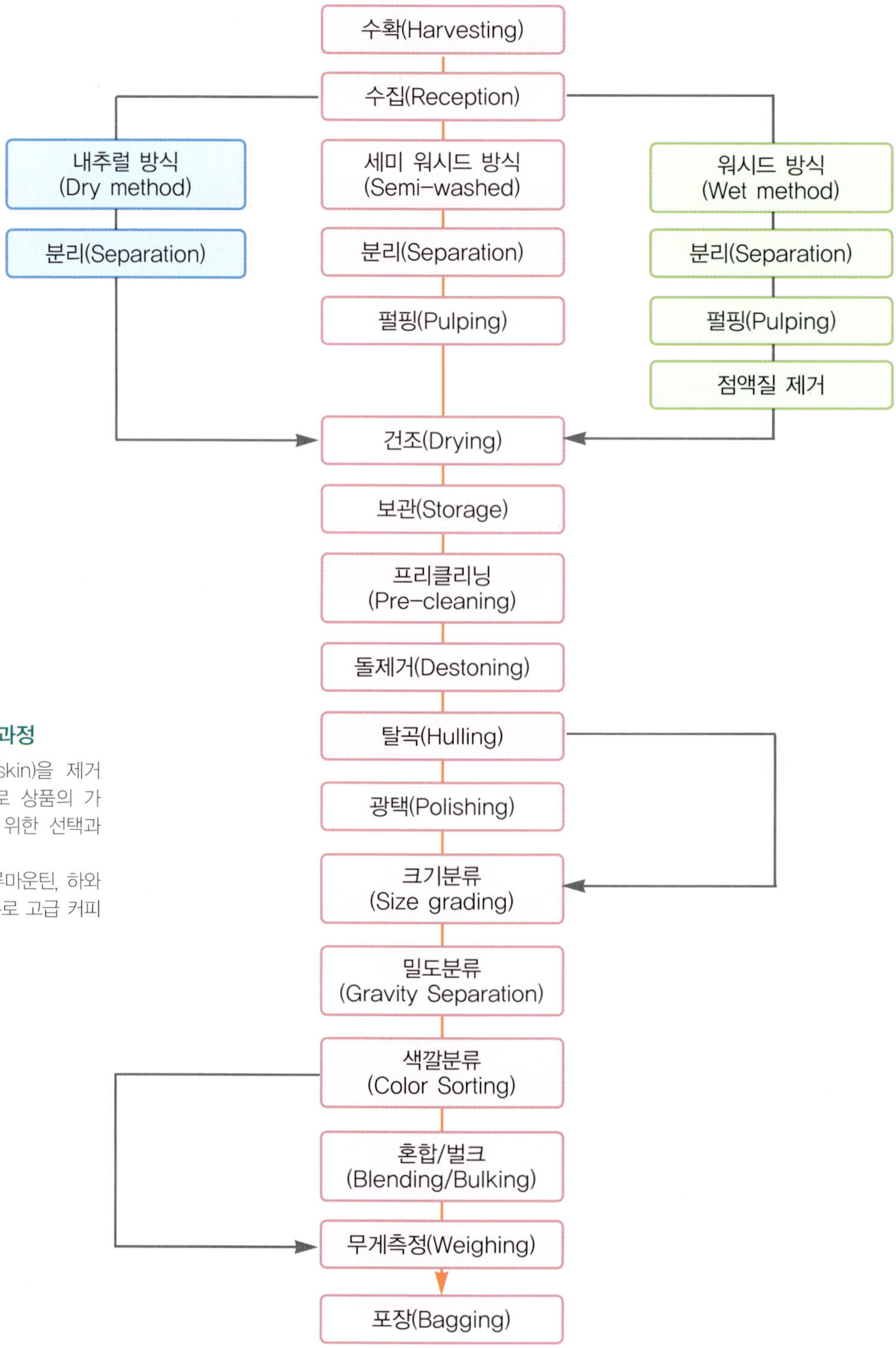

■ Polishing 과정

- 은피(Silver skin)을 제거하는 과정으로 상품의 가치를 높이기 위한 선택과정이다.
- 자메이카 블루마운틴, 하와이 코나 등 주로 고급 커피에 사용한다.

(4) 생두의 선별과 분류

건조가 끝난 생두는 크기, 밀도, 함수율(수분 함유율), 색깔(결점두)의 혼합 여부에 따라 선별되어 등급이 나뉜다.

❶ 생두의 크기 분류(Screening)

고급 생두 중에는 크기가 작은 품종도 있지만, 일반적으로 생두의 크기가 클수록 좋은 품질로 인정받는다. 스크린(Screen)이라는 구멍이 뚫린 판 위에 생두를 올린 후 흔들어서 밑으로 빠지게 하는 방법인데 300g의 샘플을 스크린 사이즈가 다른 스크리너(Screener)를 큰 순서대로 겹쳐 놓고 큰 생두는 스크린판 위에 남게 하여 사이즈를 결정하는데 1 Screen은 통상 1/64inch(약 0.4㎜)이다.

■스크린 사이즈 (Screen Size)
1 스크린 사이즈
= 1/64 인치(inch)
≒ 약 0.4mm

피베리의 기준점은 스크린 사이즈 13번이다.

[표 4] 생두의 크기 분류

스크린 No.	크기 mm	영어표기	콜롬비아	아프리카
20	7.94	Very Large Bean	–	–
19	7.54	Extra Large Bean		AA
18	7.14	Large Bean	Supremo	A
17	6.75	Bold Bean		
16	6.35	Good Bean	Excelso	B
15	5.95	Medium Bean		
14	5.55	Small Bean		C
13	5.16	Peaberry		PB
12	4.76			
11	4.30			
10	3.97			
9	3.57			
8	3.17			

② 생두의 밀도 분류

고지대에서는 일교차가 크기 때문에 커피 열매가 천천히 성장하여 밀도가 높은 생두를 수확할 수 있다. 밀도가 높을수록 향미가 깊고 풍부하기 때문에 보통 1,200m 이상 고지대에서 재배된 생두는 고급으로 분류한다.

생두의 밀도가 높을수록 깊은 맛과 풍부한 향을 지닌다.

밀도 분류는 경사진 테이블 위에 생두를 놓고 진동을 통해 무거운 콩을 테이블 위쪽으로 가게 하는 방법을 사용한다.

③ 생두의 함수율 분류

■생두의 적정 함수율
워시드 커피는 10~12%, 내추럴 커피는 10~13%이다.

생두의 표준 수분 함량은 11%이며, 워시드 방식은 10~12% 이내, 내추럴 방식은 10~13% 이내이다. 일반적으로 수분이 13% 이상일 경우 곰팡이가 번식하기 쉬우며, 9% 이하일 경우에는 오래된 콩으로 향미가 떨어진다.

함수율은 보통 기계로 측정하며, 10~12% 정도의 함수율을 양호한 것으로 분류한다. 잘못된 생두의 보관으로 생두가 부패할 수 있기 때문에 함수율에 따라 건조하고 통풍이 잘 되는 상태에서 보관하는 것이 중요하다.

결점두는 재배 과정에 생기는 결함이 있는 빈으로 특히, 열매가 열리는 과정이나 수확, 건조 과정에 많이 발생한다.

④ 생두의 색깔과 결점두 분류

생두는 맑고 깨끗한 청록색일수록 높은 등급으로 분류된다. 품질이 낮거나 오래된 생두일수록 황록색을 띠게 된다. 생두의 색깔을 분류하는 것은 결점두를 제거하는 것과 같은데 기계를 이용하거나, 사람의 손으로 일일이 분류하는 방법이 있다.

[표 5] SCAA의 정의에 따른 결점두의 종류

종류	모양 및 특성	발생원인	맛과 향의 결점
Hull / Husk	마른 체리 조각	탈곡, 선별 과정	로스팅 시 타버리므로 다른 콩의 쓴맛을 유발
Black Bean	표면이 검은 색을 띤 콩	나무에서 떨어져 장기간 흙에 접촉해 균으로 인한 결점	떫은맛과 신맛
Sour Bean	표면이 갈색을 띤 콩		떫은맛, 신맛, 아린맛
Dry Cherry / Pod	탈곡되지 않은 체리	탈곡, 선별 과정	로스팅 시 탈 우려가 크며 다른 콩의 쓴맛, 떫은맛을 유발
Fungus Damage	콩부분에 파란색이나 분홍색을 띰	습한 건조 과정으로 곰팡이 균 침투	아린맛, 신맛, 떫은맛
Severe Insect Damage	벌레 먹은 흔적, 검은색 점 흔적	벌레 침투로 생김	아린맛, 신맛,
Foreign Matter	돌이나 나뭇가지	포장 과정	기계 고장 유발, 나뭇가지가 타면서 탄맛 유발
Parchment	탈곡되지 않은 파치먼트	포장 과정	로스팅 시 탈 우려가 있음
Floater Bean	흰색	건조, 보관상 문제	발효 맛
Immature / Unripe Bean	밝은 녹색	미성숙도, 익지 않은 열매 수확	떫은맛, 덜 익은 맛
Broken / Chipped / Cut	깨진 콩	건조과정이나 포장 시	표면이 얇아 로스팅 시 타게 되면 쓴맛 유발
Withered Bean	주름진 콩	열매가 익어가는 과정에 수분 공급이 불안정해 생김	떫은 맛, 덜 익은 맛
Shells	조개 모양	건조, 탈곡 과정에 마찰로 분리됨	탄 맛

■생두 품질 등급 결정 시 고려해야 할 결점두 (Defect bean)

- Broken bean
- Black bean
- Parchment
- Shell
- Sour bean
- Unripe bean
- Dried bean

Ⅱ

커피의 산지

Ⅱ

커피의 산지

01 커피의 재배 지역

커피나무는 토양, 기후, 환경에 매우 예민하며, 서리가 내리지 않아야 한다. 기온은 너무 놓거나 낮아도 안 되는데 연평균 기온이 15~24℃ 정도, 900~2000m의 고지대, 1,000~2,500mm의 강수량, 습도, 적절한 일조량, 적절한 그늘, 비옥하고 배수가 잘되는 화산재질의 토양에서 잘 자란다.

커피벨트(Coffee Belt)는 커피를 재배하기 가장 정합한 곳으로 적도를 기준으로 남위 25도에서 북위 25도에 위치한 열대, 아열대 지역으로 평균 20℃로 연중 기온차가 적으며, 강우량은 평균 1,500~2,000mm로 커피를 재재하기 가장 적합한 기후를 지닌 지역으로 커피 존(Coffee Zone)이라고도 한다.

■ **커피벨트(Coffee Belt)** 커피를 재배하기 가장 적합한 곳으로 적도를 기준으로 남위 25도에서 북위 25도에 위치한 열대, 아열대 지역

이 지역은 유기질이 풍부한 토양으로 커피재배에 적합한 지역으로 대표적으로 아프리카, 중남미, 동남아시아 지역에서 많이 재배되고 있다.

중남미 지역에 대표적인 커피 생산 지역으로 브라질, 콜롬비아, 자메이카, 과테말라, 코스타리카가 있으며, 주로 아라비카 커피가 생산되고, 멕시코, 엘살바도르, 쿠바, 페루 등에서도 생산된다.

아프리카 지역에 대표적인 커피 생산 지역은 예멘, 에티오피아, 케냐, 탄자니아 등이 있으며, 이들 지역에서 생산되는 원두는 대체로 작고 단단해 강한 로스팅으로 깊은 맛을 내기에 좋다. 아프리카의 원두는 생산량은 많지 않으며 신맛과 부드러움, 깊은 풍미와 향미를 지니고 있어 품질이 매우 뛰어나고 고가의 원두로 인정받고 있다.

아시아에서는 베트남과 인도네시아에서 생산되는데 대부분 로부스타 커피를 생산하고 있지만, 소량의 아라비카 커피를 생산하여 최상급의 커피로 인정받는 품목도 있다.

■세계 3대 커피
- 자메이카 블루 마운틴(Blue Mountain)
- 하와이 코나(Kona)
- 예멘 모카(Mocha)

세계 3대 커피는 자메이카의 블루 마운틴(Blue Mountain), 하와이의 코나(Kona), 예멘의 모카(Mocha) 커피이다.

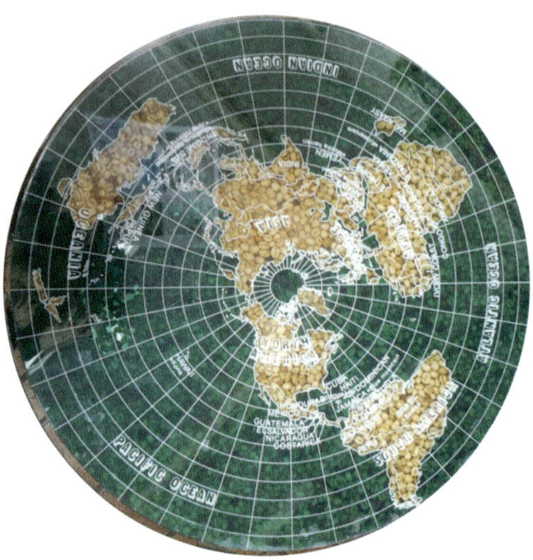

02 커피의 산지

아프리카, 중남미, 아시아 등 저마다 다른 재배환경, 산지의 특성, 품종에 따라 각 대륙의 독특한 풍미와 개성을 지니게 되고, 제조 공정을 거치면서 커피의 다양한 맛을 낸다.

1) 중남미 지역

(1) 브라질(Brazil)

브라질은 세계 제일의 커피 생산국이자 수출국으로, 다른 나라들에 비해 비교적 낮은 고도의 대규모 농장에서 커피를 경작한다. 1727년 프랑스 식민지였던 기아나(Guiana)를 통해 커피가 전파되었고, 포르투갈로부터 독립한 이후 1840년대에 본격적인 생산이 시작되었다. 20세기 초에는 비교적 낮은 고도에도 적당한 습기, 흐린 날씨, 비옥한 토지, 값싸고 풍부한 노동력 등의 조건으로 전 세계 커피의 40~50%를 점유했다.

브라질은 세계 제일의 커피 생산국이며 수출국으로 건식법에 의하여 가공한다. 브라질 커피는 다른 산지의 커피와 잘 어울리며, 중성적이어서 에스프레소 베이스 블렌딩에 많이 사용된다.

커피 생산지역이 넓어서 지역별 기후 조건과 토양 특성에 따라 다양한 품종, 품질의 커피를 생산한다.

주로 재배하는 품종은 아라비카뿐만 아니라, 버본, 티피카, 문도 노보, 카투라, 카투아이, 마라고지페 등 아라비카의 변종 및 교배종, 코닐론(Conilon)이라는 로부스타(Robusta) 종이다.

자연당도를 유지하기 위하여 건식가공법을 이용한다. 저지대에서 재배되기 때문에 뚜렷한 특징이 있는 커피라기보다는 중성적인 커피로 에스프레소 베이스 블렌딩(Espresso Base Blending)에 주로 사용된다.

주요 생산지로는 전체 생산량의 40% 정도를 차지하는 미나스 제라이스와 상파울루(San Paulo), 에스피리투 산토, 파라나, 바니아가 있다.

■카페징요(Cafezinho)
브라질 전통커피로 손님을 환영한다는 의미로 냄비에 물, 설탕을 넣고 끓기 시작하면 커피를 넣고 잘 저은 다음 여과천에 걸러 데미타세잔에 담아 대접한다.

대표적인 커피로는 아라비카 품종 중 3~4년 산에서 수확하는 버본 산토스(Bourbon Santos), 브라질 최대의 스페셜티 커피 지역이며 브랜드인 몬테알레그레(Montralegre), 요오드 성분을 함유하여 약용의 맛이 강한 카페 리오테(Cafe Riote)가 있다. 커피 소비국으로도 2위를 차지한 브라질은 전통적으로 환영, 환대의 의미로 카페 징요(Cafezinho)라는 커피를 대접한다.

브라질은 결점두에 따라 커피의 품질 등급을 결정한다.

커피의 품질 등급은 생두 300g당 결점두의 개수에 따라 5등급으로 구분한다. 결점두(defect)는 생두의 재배나 가공 과정에서 생긴 비정상적인 생두로, 커피의 품질을 떨어뜨린다.

■주요산지

미나스 제라이스(Minas Gerais), 상파울루(San Paulo), 에스피리투 산토(Espirito Santo), 파라나(Parana)

■재배품종

아라비카, 로부스타

■수확시기

5월~9월

■커피 등급 분류

결점두에 따라 5등급으로 분류한다.

No.2	No.3	No.4	No.5	No.6
4개 이하	12개 이하	26개 이하	46개 이하	86개 이하

■대표 커피

버본 산토스(Bourbon Santos), 몬테알레그레(Montralegre), 카페 리오테(Cafe Riote)

(2) 콜롬비아(Colombia)

콜롬비아 커피는 워시드 커피(Washed Coffee)인 마일드 커피(Mild Coffee)의 대명사로 콜롬비아 수프레모(Supremo)와 엑셀소(Excelso)가 유명하며, 품질 면에서 세계 1위 커피를 생산하는 것으로 알려져 있다.

콜롬비아 커피는 습식법으로 가공하며, 마일드 커피의 대명사로 대표적인 커피는 콜롬비아 수프레모이다.

콜롬비아는 생두의 크기에 따라 커피의 등급을 분류하며, 수프레모는 최고의 등급을 의미한다. 또한 스크린 사이즈 13 이하의 생두는 수출을 금하고 있다.

콜롬비아는 유럽 선교사들에 의해 커피가 소개되어 1800년대 초부터 커피 경작이 시작되었고, 1900년을 기점으로 세계 최대 커피 생산국가로 발전하였다. 커피를 생산하는 안데스 산맥 지역은 해발고도 1,400m 이상으로 비옥한 화산재토양과 온화한 기후, 적절한 강수량 등 이상적인 재배

조건을 갖추고 있다. 카페테로(Cafetero)라고 불리는 농부들이 습식법으로 생산하고, 수확기는 10월~2월과 4월~6월 두 번이다.

커피의 분류는 생두의 크기에 따라 4등급으로 나뉘는데 맛의 차이는 거의 없다. 수프레모(Supremo)는 주로 스페셜티 커피(specialty coffee)에 쓰는 최고급이며, 엑셀소(Excelso)는 수출용 표준 등급이다.

콜롬비아 생두는 워시드 커피인 마일드 커피의 대명사로 향기와 신맛, 달콤한 맛이 풍부해서 스트레이트 커피(straight coffee)로 사용된다.

재배되는 품종은 100% 아라비카로 안데스 중앙과 동부 산악지역에서 주로 생산된다. 중앙 산악지역인 마니살레스, 아르메니아, 메델린에서는 전체 생산량의 70%가 생산되고 각 지역의 첫 글자를 딴 "MAM' s"라는 브랜드로 수출한다. 특히 메델린 지역의 커피가 다른 두 지역에 비해 풍부한 아로마(Aroma)와 균일한 산도를 가진 것으로 알려져 있다.

일반적으로 콜롬비아의 생두는 청록색을 띠고 신맛, 단맛이 풍부하다. 커피 이름은 커피가 생산된 지역이름을 주로 이용하지만, 최상급 커피에는 생산지와 관계없이 최고등급인 수프레모와 엑셀소를 붙인다.

콜롬비아의 대표적 커피는 메델린 수프리모이다.

콜롬비아커피생산자협회(Federacion Nacional de Cafeteros de Colombia, F.N.C)의 철저한 감독하에 로부스타의 재배를 금지하고 Screen size 13 이하의 생두는 수출을 금지하고 있다. 또한, 커피나무의 보호를 위해 자국 내로 들어오는 모든 차량에 유해 박테리아 번식 방지를 위한 소독을 하는 등 적극적인 정책이 마련되어 있다. 생산량은 브라질, 베트남에 이어 세계 3위지만 그 품질은 세계 1위로 인정받고 있다.

■주요산지

마니살레스(Manizales), 아르메니아(Armenia), 메델린(Medellin), 부카라망가(Bucaramanga)

■재배품종

아라비카

■수확시기

10월~2월, 4월~6월

■커피 등급 분류

생두 크기에 따라 4등급으로 분류한다.

등급	스크린 사이즈	No.2
수프리모(Supremo)	17 이상	스페셜티 커피(specialty coffee)
엑셀소(Excelso)	16 이상	수출용 표준 등급
	15 이상	
	14 이상	
U.G.Q(Usal Good Quality)	13 이하	수출 금지
Caracoli	12 이하	

■ 대표커피

콜롬비아 수프리모(Colombia Supremo), 엑셀소(Colombia Excelso), 마니살레스(Manizales), 아르메니아(Armenia), 메델린(Medellin)

(3) 코스타리카(Costa)

1779년 쿠바를 통해 처음 커피가 소개되었고 1808년부터 재배를 시작하였다. 1820년부터 커피 수출을 시작하여 현재까지도 3대 수출 품목 중 하나로 국익의 대부분을 차지하고 있다. 국토 대부분이 무기질이 풍부한 화산토양과 온화한 기후로 이루어져 있어 커피 생산국 중에서도 면적당 커피 생산량이 가장 높고 커피의 품질 또한 우수한 것으로 알려져 있다.

코스타리카의 대표적 커피는 타라주(Tarrazu)이며, 생두의 품질등급은 재배지의 고도에 따라 결정한다.

코스타리카 연안은 열대성, 내륙 산악지대는 온대성 기후로 지역에 따라 커피의 맛에 차이가 있지만, 전반적으로 커피 경작에 이상적인 화산재 토양을 갖고 있어 양질의 커피를 생산한다.

생두의 크기는 비교적 작은 편이지만 상큼한 과일류의 신맛과 산도를 가지고 있어 고급 스트레이트 커피나 블렌드 커피에 알맞다.

코스타리카 생두의 품질 등급은 재배지 고도에 따라 8등급으로 나누어진다. 고도가 높을수록 일교차가 커 생두의 조직이 단단하고 향미가 짙다. 해발 1,200~1,600m 사이에서 재배한 커피를 SHB(Strictly Hard Bean)로 표시하고 최상급으로 분류한다.

대표적인 커피 산지로는 산 호세 남쪽의 타라주, 태평양 연안의 트레리오스, 브룬카, 투리알바가 있다.

커피 품종은 아라비카만을 재배할 수 있도록 법적으로 규제하고 있고, 커피 고유의 품질을 최대로 유지할 수 있는 습식 가공법만을 고집하여 세계적으로 '완벽한 커피'로 칭송받고 있다. 커피의 수확시기는 8, 9월~4월이다.

일부 지역에서는 농장이름 또는 최고 등급명(SHB)를 사용하여 브랜드로 사용한다. 타라주 지역의 라 미니타(La Minita) 농장에서는 아라비카 품종 중 카투아이와 문도 노보를 이용해 최상급의 타라주(Tarrazu)커피를 생산하는 것으로 유명하다. 또한, 이 농장에서 생산되는 식물학적 변종인 카라콜리 커피는 "커피의 진주"라고 할 만큼 높이 평가받고 있다. 그밖에 해발 1,500m 고지대에 있는 트레리오스(Tres Rios)농장에서 생산하는 코스타리카 SHB(Costa Rica SHB), 도카(Doka)농장의 커피 등이 유명하다.

■ 주요산지

타라주(Tarrazu), 트레리오스(Tres Rios)

코스타리카 타라주 지역의 카라콜리 커피는 커피애호가에게 최상의 평가를 받고 있다.

■ 재배품종

아라비카(Arabica)

■ 수확시기

8월, 9월~4월

■커피 등급 분류

고도에 따라 8등급으로 분류한다.

등급	생산량	재배지 고도
SHB(Strictly Hard Bean)	40%	해발 1,200~1,650m
GHB(Good Hard Bean)	10%	해발 1,100~1,250m
HB(Hard Bean)	19%	해발 800~1,100m
MHB(Medium Hard Bean)	14%	해발 500~1,200m
HGA(High Grown Atlantic)	5%	해발 900~1,200m
MGA(Medium Grown Atlantic)	8%	해발 600~900m
LGA(Low Grown Atlantic)	3%	해발 200~600m
P(Pacific)	1%	해발 400~1,000m

■대표커피

타라주(Tarrzu), 트레리오스(Tres Rios), 코스타리카 카라콜리(Costa rica Caracoli)

(4) 과테말라(Guatemala)

과테말라 커피는 주로 화산지역에서 경작되며 고급 스모크 커피(Smoke Coffee ; 타는 듯한 향을 가진 커피)의 대명사인 안티구아(Antigua)가 대표적이다.

과테말라에 커피가 처음 소개된 것은 1750년대이었으나 19세기 초반에 이르러 본격적인 생산이 시작되었다. 전형적인 아라비카 품종인 타피카와 버본 종을 주로 경작한다. 전체 인구의 1/4이 커피산업에 종사하고, 수출품목에서 커피가 30% 이상을 차지하고 있어 국가 정책적으로 우수한 품질의 커피를 생산하기 위해 노력하고 있다.

과테말라의 대표적 커피는 안티구아(Antigua)이며, 생두의 품질등급은 재배지의 고도에 따라 결정하며, SHB는 최고급 품질의 커피이다.

국토 대부분이 미네랄이 풍부한 화산재 토양으로 이루어져 있고, 기후 또한 건기와 우기가 뚜렷하며, 일교차와 습도 차가 커서 커피 재배에 이상적이다. 특히 태평양 연안지역은 33개의 화산지역으로 이루어져 있어 고급 스모크 커피의 대명사인 안티쿠아를 생산한다.

생두의 수확은 주로 8월~4월이며, 주로 그늘 경작법(Shade Grown)에 의해 재배되며, 가공방식은 습식법을 사용한다.

과테말라 생두는 크고 산도가 높으며 중후함을 느낄 수 있어 고급 스트레이트 커피나 블렌드 커피에 두루 사용된다. 특히 고지대에서 나무를 태워버리고 커피 경작지로 만들어 생산한 커피는 연기를 머금은 듯한 독특한 풍미를 낸다.

커피가 생산되는 지역은 안티구아 과테말라, 중부 산악지역의 코반, 우에우에테낭고, 동부의 산타 로사, 서부의 산 마르코스가 있으며, 고원지대 호수인 아티틀란이 유명하다.

커피의 등급은 재배지 고도에 따라 7등급으로 나누는데 최고급 품질인 SHB급의 대표적인 커피로는 과테말라 안티구아 외에도 레인포레스트 코반(Rainforest Coban), 볼케닉 산 마르코스(Volcanic San Marcos),

하이랜드 휴휴(Highland Huehue), 트레디션 아티틀란(Tradition Atitlan)이 있다.

■주요산지

과테말라의 대표적 커피인 안티구아(Antigua)는 화산재 토양으로 인해 연기가 밴 듯한 향을 지닌 스모크 커피로 유명하다.

안티구아 과테말라(Antigua Guatemala), 코반(Coban), 우에우에테낭고(Huehuetenango), 산타 로사(Santa Rosa), 산 마르코스(San Marcos)

■재배품종

아라비카

■수확시기

8월~4월

■커피 등급 분류

재배 산지의 고도에 따라 7등급으로 분류한다.

등급	재배지 고도
SHB(Strictly Hard Bean)	해발 1,400m 이상
HB(Hard Bean)	해발 1,200m~1,400m
SH(Semi Hard Bean)	해발 1,000m~1,200m
EPW(Extra Prime Washed)	해발 900m~1,000m
PW(Prime Washed)	해발 750m~900m
EGW(Extra Good Washed)	해발 600~750m
GW(Good Washed)	해발 600m 이하

■ 대표커피

안티구아(Antigua), 레인포레스트 코반(Rainforest Coban), 볼케닉 산 마르코스(Volcanic San Marcos), 하이랜드 휴휴(Highland Huehue), 트레디션 아티틀란(Tradition Atitlan)

(5) 자메이카(Jamaica)

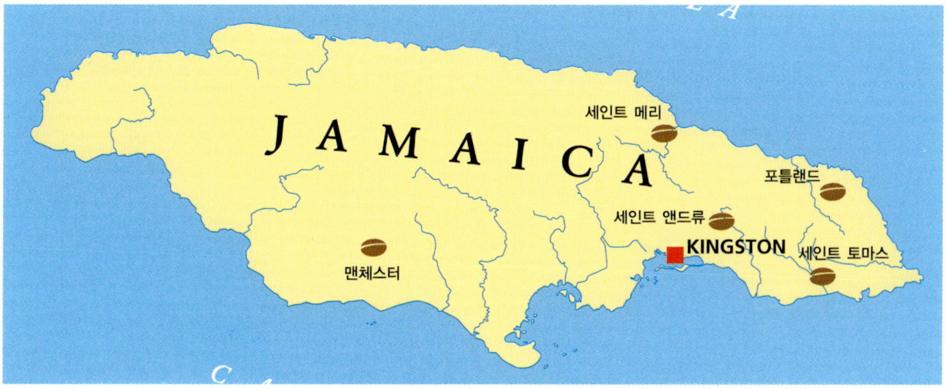

자메이카는 1728년 커피 경작이 시작되었고 1768년 커피 산업이 크게 발전하였다. 섬의 대부분이 고지대 산악지역으로 기후가 서늘하고 안개가 잦으며 강수량이 많고 배수가 잘 되는 토양으로 이루어져 커피 재배에 이상적이다.

자메이카는 커피의 등급을 재배지의 고도에 따라 결정하며, 커피의 황제라고 불리는 블루마운틴은 세계 최고의 커피로 명성이 알려져 있다.

특히 동쪽 블루마운틴(Mt. Blue mountain) 기슭의 해발 1,200m 이상 지역의 짙은 안개는 커피나무의 성장을 더디게 하여 타 지역에 비해 생두의 밀도가 높고 우수한데, 이 커피를 블루마운틴(Blue mountain)이라고 부른다.

커피의 황제, 세계 최고의 커피로 알려진 자메이카 블루마운틴은 1950년에 설립된 자메이카 커피 산업 위원회(JCIB ; Jamaica Coffee Industry Board)의 철저한 감독 아래에 생산되고 있다.

1969년 일본의 자본이 자메이카 커피산업에 투자하여 일본의 독특한 방식에 의한 생산관리를 하고 있고, 수확량의 약 80% 정도를 일본에 수출하고 있으며, 나머지 20%는 다른 나라에 수출하고 있다.

특히 위원회에서는 특정 지역(블루마운틴 해발 1,200m 이상)에서 생산된 커피만을 블루마운틴으로 인정하도록 법령을 정하고, 엄격한 품질관리로 생산량을 제한하고 있다. 또한, 일반적으로 수출용 원두를 포대(bag)에 담는 것과 달리 나무상자에 넣어 수출하는 등 다른 커피와의 차별성을 위해 고급스러움을 강조하고 있다.

주로 커피가 생산되는 곳은 블루마운틴 지역의 포틀랜드, 세인트 토마스, 세인트 앤드류, 그리고 세인트 메리, 맨체스터 등이 있다.

가장 유명한 커피는 단연 자메이카 블루마운틴이고, 블루마운틴 커피를 로스팅하여 포장까지 한 후 수출하는 커피는 별도로 자블럼(JBM, Jablum)이라고 한다. 고가의 커피이기 때문에 국내에서는 스트레이트 커피로 마시기보다는 소량을 블렌딩하는 경우가 많다. 자메이카의 원두는 최고급품으로서 크기가 크고 밀도가 높으며 향이 풍부하고 신맛과 쓴맛이 조화로운 것으로 알려져 있다.

재배되는 품종은 아라비카이며 수확은 8월~9월경, 습식법으로 가공한다. 커피의 등급은 생두의 재배지 고도에 따라 크게 4등급으로 나뉘며, 블루마운틴은 생두의 크기에 따라 3등급으로 분류한다.

■주요산지

포틀랜드(Portland), 세인트 토마스(St. Thomas), 세인트 앤드류(St. Andrews), 세인트 메리(St. Mary), 맨체스터(Manchester)

■재배품종

아라비카

■수확시기

8월~9월

■커피 등급 분류

재배지 고도에 따라 4등급으로 분류한다.

<table>
<tr><th colspan="3">등급</th><th>재배지 고도</th></tr>
<tr><td rowspan="3">High Quality</td><td>Blue Mountain No.1</td><td>Screen size 17~18</td><td rowspan="3">해발 1,100 이상</td></tr>
<tr><td>Blue Mountain No.2</td><td>Screen size 16</td></tr>
<tr><td>Blue Mountain No.3</td><td rowspan="2">Screen size 15</td></tr>
<tr><td rowspan="3">Low Quality</td><td>하이마운틴(High Mountain)</td><td>해발 1,100 이하</td></tr>
<tr><td colspan="2">프라임 워시드(Prime Washed, Jamaican)</td><td>해발 750m~1,000m</td></tr>
<tr><td colspan="2">프라임 베리(Prime Berry)</td><td></td></tr>
</table>

■대표커피

자메이카 블루마운틴(Jamaica Blue Mountain), 자블럼(JBM, Jablum)

(6) 멕시코(Mexico)

멕시코는 1790년부터 커피를 경작하기 시작하였고, 북부지역은 커피 존(Coffee Zone)을 벗어나기 때문에 남부지방에서만 커피가 경작된다. 남부지방은 화산지대로서 1,700m 이상의 고원지역으로 커피 경작에 이상적인 조건을 갖추고 있다.

멕시코는 커피의 등급을 재배지의 고도에 따라 결정한다. 대표적 커피로는 타파출라가 있으며, 고지대에서 생산된 커피라는 뜻의 '알투라'라는 이름을 붙인다.

국토의 1/3이 고원지대이기 때문에 일반적으로 멕시코 커피에는 고지대에서 생산된 커피라는 뜻의 '알투라(Altura)'라는 이름이 붙는다. 커피의 질보다 생산을 중시하여 중앙아메리카의 저급커피로 유명하였으나, 오늘날에는 700m 이하 생산 커피의 수출을 금지하고, 살충제나 농약을 사용하지 않는 유기농법과 그늘경작법을 사용하여 품질향상에 노력하고 있다.

주요 생산지역과 대표 커피로는 남부 과테말라 국경 인근 치아파스 지역의 유기농 커피(Organic Coffee)인 타파출라(Tapachula), 동부 대서양 연안의 베라크루즈 지역의 코아테펙, 오악사카 지역 중에서도 오리자바 화산지역의 알투라 오리자바, 플루마 등이 있다.

커피 수확은 대략 9월~3월에 이루어지며, 주로 습식법을 사용하여 가공한다. 멕시코 커피의 등급은 재배지의 고도에 따라 4단계로 나눈다.

전통적인 멕시코 커피는 고급 백포도주의 풍미와 흡사하다고 하는데 신맛과 향기가 적당히 어우러져 있어 주로 블렌드 커피나 톤을 짙게 로스팅하여 강한 커피를 만드는 데 사용한다. 티피카의 돌연변이인 마라고지페 품종 중 멕시코의 리퀴담바MS(Liquidambar MS)는 가장 질 좋기로 유명하다.

■주요산지

치아파스(Chiapas), 베라크루즈(Veracruz), 오악사카(Oaxaca)

■재배품종

아라비카

■수확시기

9월~3월

■커피 등급 분류

재배지 고도에 따라 4등급으로 분류한다.

등급	재배지 고도
SHG(Strictly High Grown)	해발 1,700m 이상
HG(High Grown)	해발 1,000m~1,600m
Prime Washed	해발 700m~1,000m
Good Washed	해발 700m 이하

■대표커피

타파출라(Tapachula), 코아테펙(Coatepec), 알투라 오리자바(Altura Orizaba), 플루마(Pluma), 리퀴담바MS(Liquidambar MS)

(7) 온두라스(Honduras)

온두라스는 커피의 등급을 재배지의 고도에 따라 결정한다. 대표적 커피로는 온두라스 SHG가 있다.

온두라스는 중앙아메리카 국가 중 니카라과(Nicaragua) 다음으로 가장 큰 나라이며, 18세기 이전부터 커피가 재배되었을 것으로 추정된다. 국토의 70~80%가 고지대 산악지형으로 이루어져 있고, 커피 경작에 이상적인 해발 1,000~1,700m의 고지대에서 재배되며, 커피 재배에 적합한 화산재 토양을 갖고 있다.

재배 품종은 아라비카이고 커피의 수확은 5월~10월경이며, 습식법을 이용하여 가공한다.

주요 커피 생산지는 해발 1,500~2,000m의 고지대에 있는 산타바르바라, 코판, 렘피라, 라파스이다.

가장 유명한 커피는 온두라스 SHG, 온두라스 HG이며, 지역명 또는 COE에서 우승한 농장명을 함께 사용하기도 한다.

생두는 대체로 둥글고 외형이 균일한 편이다. 맛은 부드러운 신맛과 캐러멜향, 약간의 쓴맛이 조화를 이루어 스트레이트 커피로도 이용하지만 주로 블렌딩에 많이 사용된다.

COE(Cup of Excellence)의 회원국으로서 커피의 질 관리, 친환경 기술을 통한 생산력 관리, 그리고 적극적인 홍보로 농가들의 이익 증대를 위해 힘쓰고 있다. 특히 지속적인 스페셜티 커피의 생산을 위해 온두라스 커피 협회(IHCAFE ; Honduras Coffee Institute)가 농장 관리자들을 지속적으로 교육하고 있다.

온두라스 커피는 부드러운 신맛과 달콤함, 캐러멜향이 곁들인 쓴맛이 조화를 이룬다는 높은 평가를 받고 있다.

온두라스는 중미지역 최대의 커피생산국가이다.

■주요산지

산타바르바라(Santa Barbara), 코판(Copan), 렘피라(Lempira), 라파스(La Paz)

■재배품종

아라비카

■수확시기

5월~10월

■커피 등급 분류

재배지 고도에 따라 3등급으로 분류한다.

등급	재배지 고도
SHG(Strictly High Grown)	해발 1,500m~2,000m
HG(High Grown)	해발 1,000m~1,500m
CS(Central Standard)	해발 900m~1,000m

■ **대표커피**

온두라스 SHG, 온두라스 HG

2) 아프리카 지역

(1) 예멘(Yemen)

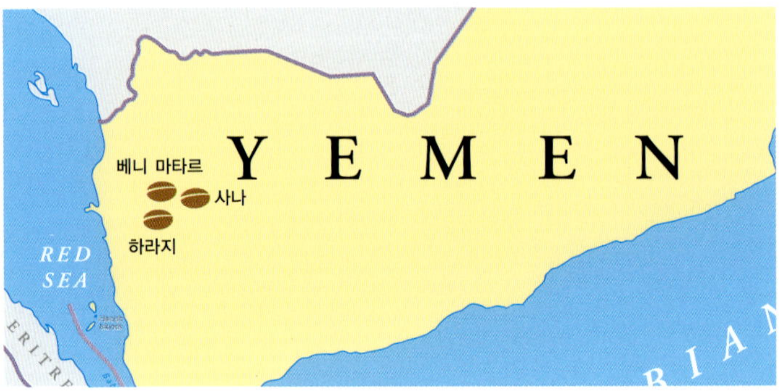

예멘의 대표적 커피 모카 마타리는 신맛이 강하고 향이 강하며, 예멘 최고의 커피이다.

예멘은 세계 최초로 커피가 경작된 아라비카 커피의 원산지이다. 대표적인 모카(Mocha)커피는 한때 세계 최대의 커피 무역항이었던 모카(Mocha, Al-Makha)에서 유래하였다. 지금은 예멘과 에티오피아에서 생산되는 커피를 모카 커피(Mocha Coffee)라고 부르기도 한다. 자메이카 블루마운틴(Jamaica Blue Mountain), 하와이언 코나(Hawaiian Kona)와 더불어 세계 3대 커피 중의 하나이다.

지형 대부분은 화산암으로 이루어져 있어 미네랄이 풍부하고, 서리가 내리지 않는 적절한 안개 기후를 갖고 있어 커피 재배에 이상적이다.

대부분 자연 경작되고 가공방식도 수작업으로 이루어져 생두의 모양이 제각각으로 울퉁불퉁하고 로스팅 후에도 원두의 색깔이 제각각이다.

생두를 통째로 빻아 이브릭(ibriq)이라는 주전자에 넣고 끓이는 터키식 커피를 주로 마시기 때문에 크기나 결점두에 따른 생두의 등급분류는 사실상 불가능하다고 볼 수 있다.

소규모 농가단위로 경작되고 최소한의 가지치기만 할 뿐 비료도 거의 주지 않기 때문에 대부분 유기농 커피, 또는 내츄럴 커피(Natural Coffee)이다.

3월~4월과 10월~12월에 수확한 커피를 전통적인 건식법을 이용해 가공한다.

베니 마타르, 베니 이즈마일리, 히라지, 수도인 사나 인근 지역의 커피는 '커피의 귀부인' 이라는 칭호를 받으며 고급커피로 인정받고 있다.

대표적으로 모카 마타리(Mocha Mattari)는 신맛이 강하고 강한 향을 지녔으며 예맨 최고의 커피이다. 모카 히라지(Mocha Hirazi)는 신맛과 과일 맛이 나고 모카 마타리보다 부드러운 향을 가졌으며, 사나니(Sanani)는 산도는 낮지만, 균형 잡힌 맛과 향을 가진 것으로 알려져 있다. 모카 커피 대부분이 초콜릿 향을 갖고 있어 최근에는 모카 커피를 섞지 않더라도 초콜릿 맛이나 향을 인위적으로 첨가하여 모카라는 명칭을 사용하기도 한다.

커피가 처음 발견된 곳은 에티오피아이나 최초로 커피나무가 경작된 곳은 예멘이다.

■주요산지

베니 마타르(Bani Mattar), 하라지(Haraz), 사나(Sana' s) 인근

■ 재배품종

아라비카

■ 수확시기

3월~4월과 10월~12월

커피의 귀부인 칭호를 받는 예멘 모카(Yemen Mocha)는 자메이카 블루마운틴(Jamaica Blue Mountain), 하와이언 코나(Hawaiian Kona)와 더불어 세계 3대 명품 커피로 인정받고 있다.

■ 대표커피

예멘 모카(Yemen Mocha), 모카 마타리(Mocha Mattari), 모카 히라지(Mocha Hirazi), 사나니(Sanani)

(2) 에티오피아(Ethiopia)

에티오피아는 아라비카 커피의 원산지로 '커피의 고향'으로 알려져 있으며, '훌륭한 커피 곁에는 항상 에티오피아인이 있다'라는 속담이 있을 만큼 커피에 대한 자부심과 커피문화는 수준이 높다. 또한 국가에서 지속적으로 커피나무의 생산량을 관리해 품질의 우수성도 한결같이 유지하고 있다.

에티오피아는 적도의 고지대에 있어 천혜의 커피 재배 환경을 갖고 있지만, 열악한 자본과 낙후된 시설 때문에 전통적인 유기농법과 그늘경작법, 건식법으로 커피를 재배한다. 1972년 이후에는 습식법이 도입되어 대형공장들이 생겨났으며, 수출용 고급커피를 비교적 대량으로 생산할 수 있게 되었다.

에티오피아는 아프리카 최대의 커피 생산국이다. 에티오피아 커피는 전체 생산량의 50% 정도가 원두 생산의 최적지인 해발 2,000~ 3,000m 이상의 지역에서 재배되며, 주요 산지의 명칭은 대표적인 커피의 이름으로 사용하고 있다. '에티오피아의 축복'으로 유명한 하라(Harrar, 또는 Mocha Harrar)는 해발 3,000m 이상에서 건식법으로 가공되며, 거친 듯 깊고 중후한 향미, 감미로운 와인의 신맛과 과일향을 가지고 있다.

에티오피아는 아프리카 최대의 커피 생산국이며, 아라비카 커피의 원산지로 대표적인 커피는 하라(Harra), 이르가체페(Yirgacheffe), 시다모(Sidamo) 등이 있으며, 이르가체페(Yirgacheffe)는 부드러운 신맛, 과일의 상쾌한 신맛과 초콜릿의 달콤함, 과일향 꽃향기 등으로 에티오피아 커피 중 가장 세련되고 매끄러운 최고급 커피이다.

남부지역의 커피는 대부분 습식법으로 가공되는데 시다모, 짐마, 리무, 이르가체페가 있다. 이 중 시다모(Sidamo)는 레몬 같은 밝은 산미, 오렌지류의 향미, 은은한 꽃향기를 지녀 그 맛이 부드럽고 상쾌하다. 리무(Limu)는 중후한 맛이 있다고 알려져 있으며, 콘소(Konso)는 상큼한 꽃과 감귤이 섞인듯한 독특한 향, 부드러우면서도 강한 새콤 달콤한 맛이 뛰어나다. 이르가체페(Yirgacheffe)는 부드러운 신맛, 과일의 상쾌한 신맛과 초콜릿의 달콤함, 과일 향 꽃향기 등으로 에티오피아 커피 중 가장 세련되고 매끄러운 최고급 커피이다.

최근에는 정부 차원의 커피 산업 진흥 정책을 통해 커피의 양과 질 향상에 노력하고 있다. 특히, 유기농 재배와 공정무역(FLO, Fair trade Labelling Organizations International)의 국제인증을 받아 경쟁력 있는 가격으로 세계 각국에 커피를 직접 수출할 수 있게 되었다.

에티오피아의 하라(Harra) 커피는 '에티오피아의 축복'이라고 할 정도로 많은 사랑을 받고 있다.

■주요산지

하라(Harrar), 이르가체페(Yirgacheffe), 시다모(Sidamo), 짐마(Djimmah)

■재배품종

아라비카

■수확시기

10월~3월

■커피 등급 분류

생두 300g당 결점두(defect)의 수에 따라 1~8등급(Grade 1~8)으로 분류한다.

Grade1	Grade2	Grade3	Grade4	Grade5	Grade6	Grade7	Grade8
3개 이하	4개 ~12개	13개 ~25개	26개 ~45개	46개 100개	101개 ~153개	154개 ~340개	340개 이상

■대표 커피

하라(Harrar), 이르가체페(Yirgacheffe), 시다모(Sidamo), 짐마(Djimmah), 리무(Limmu)

(3) 케냐(Kenya)

케냐는 대부분 1,500m 이상의 고원지대에서 커피를 재배하고 적절한 토양과 강수량, 기온 등 커피 재배에 이상적인 자연조건을 갖고 있다. 그늘 경작법은 거의 사용되지 않으며, 농약이나 제초제, 화학비료 등도 거의 사용하지 않고, 습식가공법으로 아라비카 커피만을 생산한다.

19세기 후반 에티오피아를 통해 처음 커피가 도입된 케냐는 국가 차원의 커피산업지원책으로 합리적인 재배, 가공, 판매 시스템, 국가 차원의 품질개발, 기술교육, 세계적으로 신뢰받는 경매 시스템을 가진 아프리카를 대표하는 커피 생산국이다.

케냐는 생두의 크기에 따라 커피의 등급을 분류하며, 대표적인 커피로는 케냐 AA가 있다.

커피 농가는 단위협동조합으로 구성되어 있고, 전국의 모든 커피는 수도인 나이로비로 집결되어 이곳에서 경매를 통해 판매된다.

정부 산하기관인 케냐커피이사회(CBK; Coffee Board of Kenya)는 품종개발, 경작실습, 기술지도 등 적극적인 커피산업정책을 지원하고 있다. 특히, 세계적으로 신뢰받는 케냐의 커피 경매 시스템은 케냐커피수출입협회(KCTA ; Kenya Coffee Traders Association)에서 주관하고 있다.

주요 산지로는 케냐 산의 고원지역, 우간다 접경지역인 엘곤, 나쿠루의 동부지역, 카시이 서부 지역 등이 있다.

생두는 대체로 밝은 청록색을 띠며 짙은 향미와 강한 신맛, 또는 씁쓸한 맛을 가지고 있다. 대표적인 커피는 케냐 AA(Kenya AA)와 최상급 커피로서 케냐 AA(Kenya AA)보다 두 배 높은 가격에 거래되는 이스테이트 케냐(Estate Kenya)가 있다.

■주요산지

케냐산(Mt. Kenya), 엘곤(Mt. Elgon), 나쿠루(Nakuru)

■재배품종

아라비카

■수확시기

6월 중순~12월경

■커피 등급 분류

생두의 크기에 따라 4등급으로 나뉜다.

AA	A	AB	C
screen size 18 이상	screen size 17	screen size 15~16	screen size 14

■대표 커피

케냐 더블에이(Kenya AA), 이스테이트 케냐(Estate Kenya)

탄자니아는 생두의 크기에 따라 커피의 등급을 분류하며, 대표적인 커피로는 킬리만자로(Killimanjaro)가 있다.

(4) 탄자니아(Tanzania)

탄자니아는 에티오피아, 케냐와 더불어 아프리카를 대표하는 커피 생산국이다. 탄자니아는 1964년 독립국가가 되었으며, 커피 재배를 본격적으로 시작한 것은 1892년 독일의 지배를 받기 시작하면서부터이다.

1차 세계대전 이후 영국의 지배를 받으면서 커피산업이 발달하였으나 커피재배의 천혜의 자연 조건을 갖추고 있으면서도 경작방법을 제대로 알지 못하고 토양의 성질을 무시한 채 아무 곳에나 커피나무를 심는 등 아직 후진성을 면하지 못하고 있다. 그런 중에서도 탄자니아 킬리만자로(Killimanjaro)는 세계 명품 커피의 자리를 유지하고 있는데 깔끔하며,

풍부한 맛과 향, 날카로운 신맛을 지닌 커피로 유럽에서는 '커피의 신사', '영국 왕실의 커피' 라는 칭호를 받는다.

탄자니아에서는 최고급의 아라비카로부터 로부스타 커피까지 경작되고 있는데, 주요 재배 품종은 아라비카 75%, 로부스타 25%이다. 아라비카의 수확은 10월~2월경으로 주로 습식법으로 가공하며, 로부스타는 6월~12월에 수확하여 건식법으로 가공한다.

아라비카의 주요 산지는 킬리만자로산 화산지대에 있는 모시 지역, 탕가니카 호수, 니아사 호수 지역이며, 로부스타는 탕가지역이 유명하다. 가장 대표적인 커피는 킬리만자로이며 생두는 회색빛이 도는 녹색이다. 그 외에 지역명에 따라 모시(Moshi), 음베아(Mbeya) 등의 커피가 유명하며, 전체적으로 부드럽고 깔끔한 맛을 가진 것으로 알려져 있다.

헤밍웨이와 그의 소설은 탄자니아의 커피를 유명하게 만들었으며, 유럽에서는 킬리만자로 커피를 '커피의 신사' 라고 예찬한다.

■주요산지

모시(Moshi), 탕가니카(Tanganyika)호수, 니아사(Nyasa)호수, 탕가(Tanga)

■재배품종

아라비카, 로부스타

■수확시기

아라비카 10월~2월, 로부스타 6월~12월

■커피 등급 분류

케냐 분류법(Kenyan Grading System)을 기준으로 생두의 크기에 따라 6등급으로 분류한다. AMEX 등급은 커피의 투명도(Clean Cup), 즉 커피를 마시는 순간부터 마신 후까지 부정적인 요소가 없는 판정을 받은 A등급을 말한다. 또한, 탄자니아의 피베리는 프리미엄(Premium)이라는 명칭으로 불리기도 하는데 와인 맛에 비유되는 신맛과 깊은 풍미를 가지고 있는 것으로 알려져 미국에서 소비된다.

AA	A	AMEX	B	C	PB
18 이상	17 이상~ 18 미만		16 이상~ 17 미만	15 이상~ 16 미만	Peaberry

■대표 커피

킬리만자로(Killimanjaro), 탄자니아AA(Tanzania AA), 모시(Moshi), 음베야(Mbeya)

(5) 짐바브웨(Zimbabwe)

짐바브웨는 1890년대부터 커피를 생산하였으나 본격적인 상업적 커피는 1960년대 이후이다. 아라비카 커피만을 습식법으로 생산하고 있으며, 주요 산지는 모잠비크 국경지역인 치팡가와 무타레 지역이고, 대표적인 커피로는 치팡가, 라 루씨에, 스마딜이 있다.

짐바브웨 AA급의 고급커피는 강한 신맛과 상큼한 과일의 맛, 조화롭고 깊은 맛으로 미국시장에서 'code 53' 이라는 이름으로 유통되며, 높은 평가를 받고 있다.

(6) 우간다(Uganda)

우간다는 많은 양은 아니지만 소규모의 시골 농가에서 생산되는 고급 아라비카 커피를 생산한다. 특히, 케냐의 접경지역인 엘곤산 지역에서 생산되는 '부기수'는 와인과 과일의 맛, 깊은 향미를 지닌 아프리카의 전형적인 커피로서 케냐 커피와 비슷하나 조금 더 거친 느낌이라는 평가를 받는다.

우간다는 대부분 로부스타 커피를 생산한다.

3) 아시아 · 태평양 지역

(1) 인도(India)

1585년 이슬람의 메카(Mecca)에서 전래되어 1840년 이후부터 본격적인 커피 생산이 시작되었다. 열대성 기후인 인도는 커피 재배에 적합한 강수량과 배수가 잘되는 비옥한 고원지대를 갖추고 있다.

과거 유럽으로 커피를 수출할 당시 6개월간의 항해기간 동안 주변 환경에 의해 커피가 숙성되어 생두는 황금빛을 띠는 노란색으로 변하고 독특한 향미와 진한 맛을 가지게 되었다. 이는 올드 브라운 자바 커피(Old Brown Java Coffee)로 불리며 유명해졌다.

인도는 아라비카와 로부스타를 모두 생산하며, 주된 품종은 Kent종이며, 몬순커피(Monsooned Coffee)가 유명하다.

수에즈 운하(Suez Canal)의 개통으로 항해기간이 단축되자, 올드 브라운 자바 커피의 재현을 위해 인위적으로 습한 남서 계절풍(Monsoon)에 커피를 건조했는데 이는 오늘날 몬순 커피(Monsooned Coffee)로 불리며

인도의 이슬람 승려였던 바바 부단(Baba Budan)이 메카로 성지순례를 다녀오는 길에 커피 종자를 숨겨와 인도 땅에 커피를 심었다고 한다.

세계적으로 인정받고 있다. 몬순커피는 노란빛을 띠며, 독특한 향미를 갖고 있고, 진한 쓴맛으로 에스프레소용으로 적합하다는 평가를 받는다.

주요 생산지는 남부지방의 고지대에 있는 마이소르, 말라바르, 마드라스 등이 있다. 생두는 대체로 큰 편이고 껍질이 매끄러운 녹색을 띤다. 유명한 스페셜티 커피 3종으로 몬순 말라바르(Monsooned Malabar), 마이소르 너깃 엑스트라 볼드(Mysore Nuggets Extra Bold), 로부스타 카피 로얄(Robusta Kaapi Royale)이 있다. 그 중 세계 최초의 스페셜티 커피로 가장 유명한 몬순 말라바르는 노란빛을 띠며 톡 쏘는 맛, 풀 맛이 밴 풍부한 맛, 진한 쓴맛을 지니고 있어 에스프레소용으로 적합하다고 한다.

인도에서는 아라비카와 로부스타가 1:6 정도의 비율로 재배되며, 가공법으로는 습식법과 건식법을 모두 사용하고 있는데, 좋은 품질로 인정받는 것은 플렌테이션 아라비카(Plantation Arabica)와 파치먼트 로부스타(Parchment Robusta)이다.

■주요산지

마이소르(Mysore), 말라바르(Malabar), 마드라스(Madras)

■재배품종

아라비카, 로부스타

■수확시기

11월~2월(6월~9월 몬순으로 건조)

■커피 등급 분류

생두 크기, 가공방식, 품종에 따라 5등급으로 분류한다.

습식 아라비카		습식 로부스타	
등급	스크린 사이즈	등급	스크린 사이즈
Plantation AA	17 이상	Parchment AB	15 이상
Plantation A	16 이상	Parchment A	14 이상
Plantation B	15 이상	Parchment B	13 이상
Plantation C	14 이상	Parchment C	12 이상
Plantation AA	14 미만	Parchment Bulk	11 이하

■대표 커피

몬순 말라바(Monsooned Malabar), 마이소르 너깃 엑스트라 볼드(Mysore Nuggets Extra Bold), 로부스타 카피 로얄(Robusta Kaapi Royale)

(2) 인도네시아(Indonesia)

인도네시아는 결점두에 따라 커피의 등급을 결정하며, 주된 품종은 로부스타이며, 소량 생산되는 아라비카는 품질이 매우 좋다. 대표적 커피는 만델링(Mandheling)이다.

인도네시아는 아시아에서 2위 커피 생산국으로 유일하게 습식 가공으로 고품질의 로부스타 종을 경작한다.

네덜란드에서 커피나무가 이식되면서 1696년 자바섬에서 커피재배가 시작되었다. 대체로 무기질이 풍부한 화산지형을 갖고 있어 커피재배에 이상적이지만, 1877년 커피 녹병(Coffee Leaf Rust)으로 전체 커피농장들이 초토화되면서 병충해에 강한 로부스타 커피를 주로 재배하게 되었다.

가공방법은 주로 건식법이지만 드물게 로부스타 커피를 습식 가공하여 상급 품질의 커피를 만들기도 한다. 단단하고 쓴맛을 가진 에스프레소용으로 적합해 특히 유럽에서 인기가 높다.

품종과 지역에 따라 거의 연중 수확이 가능하지만 가장 절정기는 3월~6월이다. 소량 생산되는 아라비카 커피는 세계적으로도 인정받고 있다.

주요 커피 산지로는 만델링(Mandheling) 커피로 유명한 수마트라, 모카 자바(Mocha Java) 브랜드로 유명한 자바, 셀레베스 토라자(Celebes Toraja)라는 브랜드로 유명한 술라웨시 등이 있다. 수마트라의 유명커피 중 세계에서 가장 비싼 커피 중 하나인 코피 루왁(Kopi Luwak)은 독특한 풍미를 갖고 있어 그 희귀성을 인정받고 있다.

■주요산지

수마트라(Sumatra), 자바(Java), 술라웨시(Sulawesi)

■재배품종

아라비카, 로부스타

■수확시기

3월~6월

■커피 등급 분류

결점두에 따라 6등급으로 분류한다.

Grade1	Grade2	Grade3	Grade4		Grade5	Grade6
			Grade4a	Grade4b		
11개 이하	12~25개	26~44개	45~60개	61~80개	81~150개	151~225개

■대표커피

만델링(Mandheling), 자바(Java), 토라자(Toraja), 가요 마운틴(Gayo Mountain), 코피 루악(Kopi Luak)

(3) 파푸아뉴기니(Papua New Guinea)

1937년경 자메이카 블루마운틴 종자가 이식되어 커피의 재배가 시작되었다. 가장 큰 섬인 뉴기니에는 해발 4,694m의 빌헬름(Mt. Wilhelm)산이 있는데 이 지역을 중심으로 한 고원지대를 하이랜드(Highland)라고 부른다. 파푸아뉴기니 커피의 대부분이 생산되는 하이랜드는 적당한 강수량과 일조량 등 커피재배에 적합한 조건을 갖추고 있다.

주로 재배되는 품종은 아라비카이며 소량의 로부스타도 재배된다. 수확 시기는 4월~9월이고, 커

파푸아뉴기니는 생두의 크기에 따라 커피의 등급을 결정한다. 파푸아뉴기니는 유기농 커피로 유명하며, 대표적인 커피로는 파푸아뉴기니 시그리(PNG AA)가 있다.

피의 가공은 습식법과 건식법을 모두 사용한다. 정부 차원에서 유기농 커피의 경작을 장려하고 있으며, 커피가 재배되는 곳은 하겐산을 중심으로 한 시그리, 아로나지역이고, 대표적인 커피로는 파푸아뉴기니 시그리(PNG AA)와 파푸아뉴기니 아로나가 있다.

파푸아뉴기니 커피는 인도네시아의 커피와는 달리 부드럽고 달콤한 맛과 향을 지닌 깔끔한 커피로 알려져 있다.

파푸아뉴기니 커피는 유기농 커피로 유명하며 대표적인 커피인 파푸아뉴기니 시그리는 달콤한 맛이 일품인 것으로 알려져 있고 부드러운 신맛, 꽃과 과일 향 등 풍부한 향미를 가진 것으로 유명하다. 무엇보다도 품질도 뛰어나고 가격도 합리적인 것으로 알려져 있다.

■주요산지

시그리(Sigri), 아로나(Arona)

■재배품종

아라비카, 로부스타

■수확시기

4월~9월

■커피 등급 분류

생두의 크기를 기준으로 5등급으로 분류한다.

AA	A	AB	B	C
Screen size 18 이상	Screen size 17 이상	Screen size 16 이상	Screen size 15 이상	Screen size 14 이하

■ **대표커피**

파푸아뉴기니 시그리(Papua New Guinea Sigri), 파푸아뉴기니 아로나(Papua New Guinea Arona)

(4) 하와이(Hawaii)

하와이는 1825년부터 커피 경작을 시작하였고 미국에서 유일하게 커피 재배가 가능한 지역이다. 적절한 강수량과 비옥한 화산재 지형, 구름이 만들어주는 자연그늘(free shade) 등 커피 재배에 이상적인 조건을 갖추고 있다.

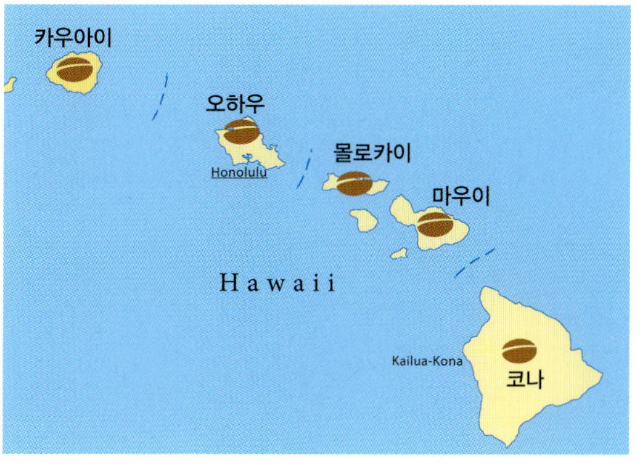

주로 재배되는 품종은 아라비카 중 티피카 종이고 습식법을 이용하여 가공한다. 가장 유명한 커피는 코나지역의 커피로 생산량은 연간 500톤 정도로 적은 양이지만 자메이카의 블루마운틴(Blue mountain), 예멘의 모카(Mocha)와 더불어 세계 3대 커피로 인정받는다.

하와이는 생산량은 적으나 적절한 강수량과 비옥한 화산재 지형으로 커피재배에 이상적 조건을 갖고 있다. 대표적 커피로는 하와이안 코나(Hawaiian Kona)가 있다.

주요 생산지는 코나 지역 외에 카우아이, 몰로카이, 마우이, 오하우 등이 있다. 코나 지역에서 생산되는 하와이안 코나(Hawaiian Kona)는 생두가 크고 투명한 모양이며 신맛과 고급스러운 향을 가진 것으로 알려져 있다. 그 외 지역의 커피는 코나 커피보다 저급으로 거래되지만, 예멘의 모카를 개량한 마우이 모카(Maui Mocha)와 자메이카 블루마운틴의 개량종인 마우이 블루마운틴(Maui Blue Mountain, 롤스로이스라는 애칭을 가짐)은 비교적 높은 가격에 수출되고 있다. 카우아이 지역의 카우아이 이스테이트(Kauai Estate)는 신맛이 적고 바디가 풍부한 커피로 알려져 있다.

■주요산지

코나(Kona), 카우아이(Kauai), 몰로카이(Molokai), 마우이(Maui), 오하우(Ohau)

■재배품종

아라비카

■수확시기

9월~3월

■커피 등급 분류

생두의 크기와 결점두에 따라 4등급으로 분류한다.

등급	스크린 사이즈	결점두
Kona Extra Fancy	19 이상	10개 이내
Kona Fancy	18 이상	16개 이내
Kona Caracoli No.1	10 이상	20개 이내
Kona Prime	상관없음	25개 이내

■ 대표커피

하와이안 코나(Hawaiian Kona), 마우이 모카(Maui Mocha), 마우이 블루마운틴(Maui Blue Mountain), 카우아이 이스테이트(Kauai Estate)

[그림 3] 대륙별 커피의 특징

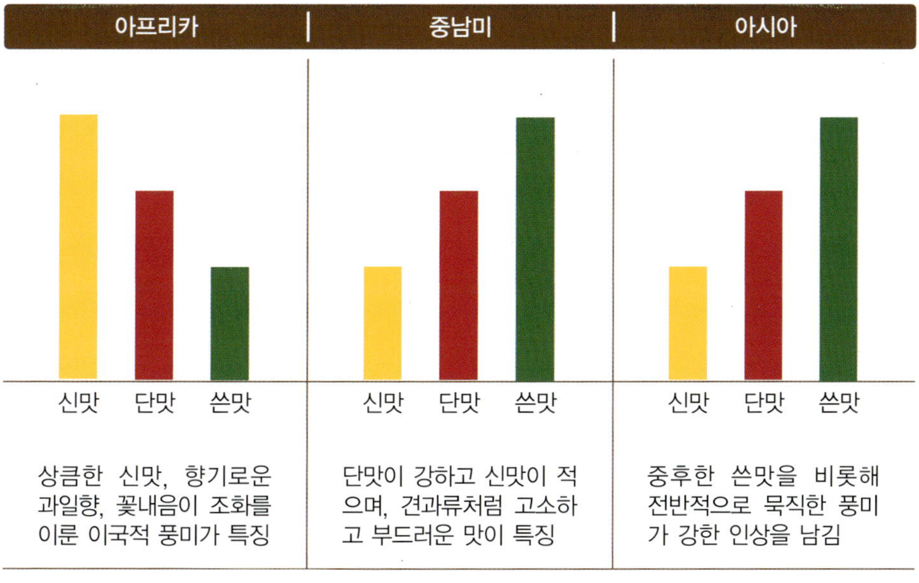

[표 6] 주요국가의 커피생산량(2015/2016)

(단위 : thousand 60kg bags)

수확연도	2012/13	2013/14	2014/15	2015/16	%변화 ('14/15-'15/16)
World Total	150,853	152,105	146,648	147,994	0.9%
Arabica	91,511	90,540	85,239	85,814	0.7%
Robusta	59,346	61,564	61,410	62,170	1.3%
Africa	16,673	16,205	16,005	16,831	5.2%
Ethiopia	6,233	6,527	6,625	6,700	1.1%
Uganda	3,914	3,633	3,744	4,000	6.8%
cote d' lvoire	2,072	2,107	1,750	1,900	8.6%
Asia & Oceania	42,181	45,903	44,592	47,428	6.4%
Vietnam	23,402	27,610	26,500	27,500	3.8%
Indonesia	10,726	10,300	9,935	11,525	16.0%
India	5,303	5,075	5,450	5,833	7.0%
Mexico & Central America	18,773	16,856	17,287	16,739	-3.2%
Honduras	4,537	4,568	5,400	5,400	0%
Mexico	4,327	3,916	3,591	2,800	-22.0%
Guatemala	3,963	3,439	3,310	3,400	2.7%
South America	73,230	73,141	68,764	66,997	-2.6%
Brazil	56,925	55,050	51,116	48,423	-5.3%
Colombia	9,927	12,124	13,333	14,009	5.1%
Peru	4,453	4,338	2,883	3,301	14.55%

자료 : ICO(International Coffee Organization).
Under review: see http://www.ico.org/trade_statistics.asp for more details
Data as at October 2016 – next update January 2017

(5) 우리나라의 커피 재배

우리나라는 제주도와 강릉에서 온실재배를 통하여 커피묘목을 키우고 있으며, 강릉의 경우 커피재배에 성공하여 최초의 상업용 커피를 생산하였다.

제주도는 북위 33.1°~33.34°, 동경 126.1°~127°에 위치하고 있는 하나의 한라산체로 이루어진 한반도 최남단 화산섬이다. 일반적인 기후 분류상 아열대기후에서 온대기후대로 전이되는 경계 영역에 위치하고 있으며, 연중 온난 습윤한 해양성 기후로 공중습도, 연강수량, 여름의 최저온도, 일부 지역의 일조시간 등은 커피나무 재배에 적합할 수 있으나 겨울과 봄, 그리고 가을의 온도가 낮아 사실상 노지 재배는 불가능하다.

2008년부터 민간에서 커피재배가 시작되긴 하였으나 현재 3곳 모두 비닐하우스 시설에서 보조가온하고 있으며, 총 재배 면적은 14,000㎡이고 생산량은 400여 kg이다. 재배되는 커피품종은 아라비카인 하와이안 코나와 버번종이고, 8~9월에 개화하며 약 1~2개월에 걸쳐 꽃이 피고 이듬해 4~6월경에 수확되나 환경조절을 달리 하면 개화 및 결실 시기의 조기 조절도 충분히 가능하다.

시설 과원의 토양은 화산회토이며, 내부 온도는 15~25℃로 유지되고 있고 혹한기 최저 온도는 5℃로 유지한다. 재배적인 측면에서 비배관리, 전지전정, 병해충방제 관련 등 체계적인 기술개발은 아직 이루어지지 않고 있지만 1995년 발아시험을 시작으로 광환경, 최저 온도 및 시비기술 등 기초기술은 개발되었다.

한편, 민간에서의 커피육종도 시도되고 있는데 강릉 커피농장의 경우 30년생 묘목이 온실에서 재배되고 있으며, 작은 양이지만 커피체리를 수확하는데 성공하였다. 이는 국내 최초로 상업용 국내산 커피의 생산을 통해 국내산 커피 재배의 가능성을 보여준 의미 있는 일이라고 할 수 있다.

Ⅲ

로스팅

III

로스팅

01 로스팅의 의의

커피를 마시기까지는 커피나무의 열매(cherry)를 수확하여 가공과정을 거쳐 생두(green bean), 커핑, 로스팅, 추출 단계를 거치게 된다. 생두 그 자체는 아무런 맛도 향도 없으며, 생두에 열을 가하여 볶는 과정에서 그 안에 있던 여러 가지 성분들이 밖으로 나오게 되며, 이 과정에서 맛과 향이 나게 된다.

■ **로스팅(roasting)**
생두에 열을 가하여 볶는 것으로 커피 특유의 맛과 향을 생성하는 과정

로스팅(roasting)이란 생두에 열을 가하여 볶는 것으로 커피 특유의 맛과 향을 생성하는 공정을 의미한다. 생두에 열을 가하면 생두의 세포조직이 파괴되면서 그 안에 있던 여러 가지 성분, 즉 수분, 지방분, 섬유질, 당질, 카페인, 유기산, 무기산, 탄닌 등이 밖으로 방출되며 맛과 향을 형성한다.

커피의 구수한 향미는 로스팅 또는 브로일링(broiling)이라고 하는 고온의 볶는 과정을 거친 후에 비로소 나타난다. 온도는 220~230℃까지 점차 상승시키는데, 이로써 커피콩에 함유되었던 증기, 이산화탄소, 일산화탄소, 기타 휘발성 물질이 배출되고 커피콩의 무게는 14~23% 정도 감소하며 색깔은 짙은 갈색을 띤다.

볶는 과정에서 가장 중요한 현상은 커피의 특징적인 향미가 만들어지는 것이다. 커피를 볶는 방법은 커피가 들어 있는 금속 실린더 안에 뜨거운 공기를 불어넣거나 숯 · 가스 · 전기 등을 이용한 열원 위에 커피가 담긴 금속 실린더를 돌리는 2가지가 있다. 볶는 과정이 끝나면 커다란 통 안에 넣어 급속히 냉각시킨다. 다음에는 잘못 볶아져 너무 희거나 검은 커피콩은 전자분류기에 의해 골라내고 우수한 품질의 콩을 선별한다.

■생두의 평가
생두의 소리, 색상, 크기, 형태, 감촉 등을 통해 생두를 평가한다.

생두에는 약 1,000여 가지가 넘는 물질로 구성되어있는데 로스팅을 통해 맛과 향을 낼 수 있는 물질은 약 700~850여 가지이다.

음용 가능한 커피를 만들기 위해서는 로스팅 단계를 거쳐야 하고 생두마다 다른 로스팅 포인트를 찾아 거기에 따른 적절한 조치를 취해야 하므로 원산지별 커피의 특성, 가공방법에 따른 특성의 차이, 재배고도에 따른 생두의 특성, 생두의 수확시기, 수분함량, 조밀도, 품종 등 생두의 특성을 파악하는 것이 중요하다.

같은 품종의 생두일지라도 자연환경의 변화, 보관 상태 등에 따라 조건이 달라서 최상의 커피 맛과 향을 생성하기 위해서는 숙련된 기술을 가진 로스터(Roaster)의 노력이 필요하다.

로스팅은 '시간과 온도에 의존하는 공정(time temperature dependent process)'이다. 커피생두의 물리화학적 변화와 함께 구조적 변형이 로스팅에서 시작되고 완성된다. 수분이 증발되고, 이산화탄소가 생성되어 방출되며, 여러 휘발성 향기성분이 생성되고 손실된다. 부피는 약 2배까지 증가하고 조직이 다공성으로 바뀌면서 밀도는 반 이하로 감소한다. 로스팅 정도에 비례해서 감소하는 커피의 성분으로는 트리고넬린(trigonelline), 클로로겐산(chlorogenic aacid)이 있는데, 이들의 함량을 측정하여 배전 정도를 파악하기도 한다.

02 생두의 평가

로스팅을 하기 전에 로스팅하고자 하는 생두를 여러 가지 기준에 따라 미리 평가를 하여야 한다. 그 이유는 생두는 원산지나 보관기관 등에 따라 생두의 특성이 다르게 되며 그에 따른 맛과 향도 생두마다 판이하게 다르기 때문이다.

생두의 품질 평가에 있어서 밀도, 수분함량, 결점수, 소리, 감촉, 형태 등은 중요한 요소이며, 밀도가 클수록 향기가 풍부하고 상품으로 취급된다. 따라서 로스팅 전에 생두의 특성을 파악하여야 그에 따른 적절한 로스팅 방법을 선택할 수 있다.

(1) 소리(sound)

생두는 단단하거나 무거운 정도에 따라 생두를 떨어뜨렸을 때 소리가 다르게 난다. 생두가 가볍거나 수분함량이 적은 경우는 소리가 가볍고 경쾌한 소리가 나게 되며, 그 반대의 경우는 보다 무겁고 둔탁한 소리가 나게 된다.

등급	무거운 소리	가벼운 소리
수분 함량에 따라	new crop	old crop
조밀도에 따라	조밀도가 큼(콜롬비아)	조밀도가 작음(브라질)
품종에 따라	Bourbon 종	Typica 종

(2) 색상(color)과 수분함량

■생두의 색상 평가 순위 기준

- Blue
- Greenish
- Whitish
- Yellowish
- Brownish

생두는 보관기간에 따라 그 색상이 바뀌게 되는데 생두의 칼라와 특유의 냄새를 맡아봄으로써 생두의 수확연도를 파악할 수 있다. 처음 수확했을 때는 생두가 푸른 빛을 띠며, 수분함량도 많아 로스팅이 상대적으로 어려우며 시간이 지날수록 수분이 감소하게 되며 색상도 열어지게 된다. 생두의 색깔로 수분함량을 가늠할 수 있으며 그에 따라 로스팅 방법도 달라지게 된다.

생두	기간	색상	수분함량	냄새
New Crop	수확~1년	Blue Green → Green	13% 이하	풋 냄새
Past Crop	1~2년	Green → Light Green	11% 이하	풋 냄새 매콤한 향
Old Crop	2년 이상	Light Green → Yellow & White	9% 이하	매콤한 향

(3) 크기(size)

로스팅을 하기 전에 생두의 크기, 즉 스크린 사이즈(1 screen size=1/64 인치≒0.4mm)를 파악하여 생두가 어떤 크기인지, 생두의 전체적인 사이즈가 균일한 지를 파악하여야 한다.

생두의 포장에 스크린 사이즈 17/18이라고 쓰여 있는 경우 이는 스크린 사이즈 17과 18이 섞여있다는 의미이며, 크기가 다르게 혼합되어 있는 경우 열전달이 다르게 되기 때문에 로스팅이 좀 더 어려워진다.

(4) 형태(shape)

생두는 품종에 따라 형태가 다른데 타원형, 평평한 형, 둥근 형 등이 있는데 대표적인 경우가 Typica종과 Burbon종이다. 티피카 종은 콩의 형태가 길쭉하고 얇아서 열의 통과가 상대적으로 용이한 반면, Burbon종은 상대적으로 두껍고 동그란 형태로 열의 침투가 어렵다.

양질의 생두 형태에서는 센터 컷(Center cut)이 명확하며 깨끗하게 나타난다.

(5) 감촉(touch)

손에 생두를 한 움큼 잡고 밑으로 떨어뜨렸을 때 수분이 많으면 손에 잘 달라붙어 있게 되고, 수분이 적은 경우는 그대로 떨어지므로 이를 통하여 수분함량을 가늠할 수 있다. 또한 만졌을 때의 감촉을 통해 단단한 정도를 파악하거나, 크기를 파악할 수 있다.

03 로스팅 과정

로스팅의 원리는 열전달에 있다. 전도(conduction), 대류(convection), 복사(radiation)에 의해 공급된 열이 생두를 가열하면서 일어나는 반작용이다.

■로스팅의 단계

- 건조단계
- 배전단계
- 냉각단계

로스터를 사용할 때에는 사용하기 20~30분 이전에 예열을 하게 된다. 이는 기계 내부의 열흐름을 안정시키고 생두 투입 시 최적의 조건을 만들어 주기 위함이다. 예열은 낮은 온도로부터 시작하여 약 210℃까지 천천히 온도를 올려주는 방식으로 진행된다. 이때 온도를 너무 빨리 올리면 기계 본체에 물리적인 충격이 가해질 수 있으므로 주의해야 한다.

로스팅 초기에는 흡열반응이 일어나고, 생두 자체의 온도가 서서히 올라가면서 수분의 증발이 이루어진다. 생두의 자체온도가 190℃에 도달하면 열을 방출하는 발열반응이 일어나면서 내부 온도가 급속하게 상승한다. 커피의 향기성분이 본격적으로 생성되기 시작하는 시점이다.

건조 단계를 거친 생두에 계속 열을 가하면 수분이 증발하기 시작함과 동시에 물리적, 화학적 반응이 생겨나는데 이것이 배전단계이다.

원하는 정도에 이르면 과정을 신속히 끝내고 원두의 자체온도를 순간적으로 떨어뜨려야 한다. 이때 주로 이용되는 방법이 워터퀀칭(water quenching)이다. 매우 짧은 시간에 물을 분사해주는 것으로, 물의 양은 원두의 수분율을 약 1~2% 정도 증가시키는 정도가 좋다. 이 경우 배전된 원두의 수분함량은 4% 정도가 된다.

물을 뿌린 후에는 곧바로 냉각(cooling) 과정을 거친다. 이는 쿨링카트(cooling cart)로 방출된 원두를 회전시키면서 찬 공기를 불어넣어 빠르게 냉각시키는 과정이다. 이때 온도를 얼마나 빨리 떨어뜨리느냐에 따라 향미의 정도와 보존이 달라질 수 있다.

소형 로스터기의 경우에는 물 뿌리는 과정이 생략되기도 한다. 과거에는 원두 표면의 색을 육안으로 관찰하며 로스팅 정도를 조절하였으나, 요즈음에는 과학의 발달과 함께 원두의 표면온도를 전자시스템으로 측정하여 로스팅 정도를 조절하기도 한다.

1) 생두의 성분

커피 생두는 다양한 성분들로 구성되어 있다. 그 중에서도 가장 중요한 성분은 다당류, 지질, 유기아미노산, 단백질, 무기질, 카페인 등이다. 이들 성분의 함량은 생두의 종류나 생산지역, 재배환경에 따라 조금씩 다르지만, 일반적으로 다당류 37~55%, 지질 11~13%, 유기아미노산 11~16%, 단백질 4~5%, 무기질 3~5%, 지방산 2% 내외, 클로로겐산과 트리고넬린, 카페인 등이 각각 1%가량 포함되어 있는 것으로 파악된다.

생두의 성분 중에서 가장 큰 비중을 차지하는 다당류는 설탕이나 포도당과 마찬가지로 열을 가하면 캐러멜화되면서 커피색을 띠는 동시에 향기와 감칠맛을 내는 작용을 한다. 이와 함께 지질과 유기아미노산, 단백질 등도 커피의 독특한 향미와 관계가 깊은 주요 성분으로, 특히 에스프레소 커피에서 바디감을 더해주는 역할을 한다.

카페인(Caffeine)은 커피의 특성을 결정하는 가장 중요한 성분이다. 생두에서 차지하는 비중은 1% 안팎으로 소량에 불과하지만, 흥분과 각성, 이뇨, 진통 등의 의약적 효과가 있는 무색무취의 백색 결정으로 적당량을 음용하면 상쾌한 자극과 함께 기분이 좋아지는 작용을 한다.

커피의 독특한 쓴맛은 탄닌(tannin)에서 비롯되며, 보통 3?5%가 들어 있다. 탄닌은 대개 하급품일수록 함유량이 많다. 지나치게 볶거나 달이면 용출량이 증가하여 쓴맛이 더 강해지고, 침출시간이 길면 탄닌이 분해되어 피로겔롤(pyrogallol)이란 성분이 생기면서 풍미를 급속하게 떨어뜨리게 된다.

향기 성분은 생두를 볶는 과정에서 생기는 카페놀과 에테르 성분으로 휘발성이 있어 분쇄 후 내버려 두면 약 2주일 만에 없어진다. 원두는 엷게 볶을수록 열분해가 적고 특징이 잘 나타나지만 위에 대한 부담은 크다. 위장의 부담을 줄이려면 커피를 적절하게 볶아야 한다. 여기에 우유를 첨가해서 마시면 자극을 좀 더 완화시킬 수 있다.

2) 로스팅 과정과 생두의 변화

(1) 1단계 – 생두 투입

로스팅의 초기 단계로 가열된 드럼에 선별한 생두를 투입하는 과정이다. 생두의 색은 밝은 녹색에서 황록색으로 점차 변화되고, 생두가 단단하고 수분함량이 많을수록 풋내가 오래 지속되며 수분 증발이 늦게 나타난다.

(2) 2단계 – 건조단계(Drying Phase) : 옐로(Yellow) 시점

이 단계에서 생두는 황록색을 거쳐 노란색으로 바뀌며, 풋내는 고소한 빵 굽는 향으로 바뀌게 된다. 생두가 열을 흡수(흡열반응)하면서 70~90% 가까운 수분이 소실되고, 드럼의 온도가 서서히 증가한다. 댐퍼(Damper ; 배기 송풍 조절기)를 통해 드럼 내부의 열량과 기압공급이 균일하도록(화력은 통상 210℃를 넘지 않도록 하고 댐퍼는 닫거나 30~50% 개방)하고 드럼회전속도 40~50회 정도가 적당하다.

■로스팅의 진행 상태
젖은 풀 타는 냄새 → 원두가 노란색, 곡식 타는 냄새 → 갈색 → 1차 크랙 → 점차 진한 갈색 → 2차 크랙이 나타나며, 이후 빠르게 다크 로스트로 진행된다.

(3) 3단계 – 1차 크랙(1st Crack)

열을 가한 생두는 이 시기에 탄수화물이 산화되면서 생두의 센터 컷(Center Cut)이 탁탁 갈라지는 소리가 들리게 된다. 이 과정을 통해 원두의 표면은 보다 팽창되고 색은 갈색에 가까우며 표면도 매끈해진다. 또 신향의 발산이 강한 시점으로 불필요한 신향을 줄이고 싶다면 댐퍼를 열어둔다. 통상 이 시점을 시나몬 로스팅(Cinamon Roasting) 단계라고 한다.

(4) 4단계 – 2차 크랙(2nd Crack)

원두의 고유한 향이 발산되는 지점으로 로스팅 과정에서 가장 중요한 단계이다. 1차 크랙 이후 원두 내부의 오일 성분이 원두의 표면으로 올라오게 된다. 원두는 점차 갈색에서 진한 갈색으로 바뀌며 원두의 표면은 1차 크랙 때보다 더 팽창한다.

대략 이 시점을 풀 시티 로스팅(Full City Roasting) 단계라고 하며 가열로 인한 캐러멜화로 신맛 보다는 단맛이 섞이게 된다. 2차 크랙 이후

부터는 신맛과 단맛은 거의 없어지고 쓴맛이 강해지는 프렌치 로스팅(French Roasting), 이탈리아 로스팅(Italian Roasting) 단계가 된다.

[표 7] 로스팅 단계

	Yellow 단계			1차 crack	2차 crack		
반응	흡열반응			발열반응			
시간	1~2분	3~4분	5분	7분	8~9분	11~12분	12분 이후
색깔	Light	Medium (약강)	High (중약)	2차 시작	2차 중간	2차 종반	2차 이후
	그린	옐로우	시나몬	라이트 브라운	미디엄 브라운	다크 브라운	블랙
향	풋내	단향	단향+신향	신향	신향+ 고유향	고유향	향의 감소
형태	생두	수축		팽창		지속적 팽창	팽창 멈춤
중량감소					12~14%	15~17%	18~25%

3) 로스팅 과정의 물리적 · 화학적 변화

로스팅을 하게 되면 열이 생두에 침투하게 되고 그에 따라 생두에 여러 가지 변화, 즉 칼라, 향, 무게의 변화를 가져오게 되며 이러한 변화들을 후각, 시각, 청각 등을 총 동원하여 유심히 관찰하여야 올바른 로스팅을 할 수 있게 된다.

생두를 로스팅하게 되면 여러 가지 변화들이 생기는데 열을 받아 수분이 증발함에 따라 중량 손실이 일어나 질량과 밀도가 감소하며, 휘발성 물질이 방출함에 따라 유기물 손실이 발생하며 조직이 다공질이 됨에 따라 부피는 증가하게 된다.

[표 8] 로스팅에 따른 생두의 특성 변화(medium roast)

	질량 (g)	수분함량 (%)	중량손실 (%)	유기물 손실(%)	밀도 (g/ml)	부피 (ml)	반지름 (mm)
생두	0.15	10~12	-	-	1.2~1.4	0.11~0.13	3.0
배전콩	0.13	2~3	15~18	5~8	0.7~0.8	0.16~0.19	3.5

커피 생두가 로스팅되는 동안의 물리 · 화학적 변화는 다음과 같다.

생두 상태였을 때에 비하여 무게는 약 14~20% 정도 감소하고, 부피는 50% 이상 증가한다.

❶ 무게가 14~23% 감소한다.

❷ 부피가 약 50% 팽창하고, 내부가 다공성으로 변한다.

❸ 색상이 연노랑을 거쳐 갈색, 점차 진한 갈색으로 변한다.

❹ 당분의 일부는 이산화탄소(CO_2) 가스로 변화하고 방출되기 시작한다.

❺ 당분의 일부는 캐러멜화되어 간다.

❻ 당분의 일부는 맛과 향에 관계되는 물질(700~850여 종)을 만들어 낸다.

(1) 수분 함량

로스팅을 함으로써 가장 많이 감소하는 것은 수분이며, 8~12%의 수분함량이 로스팅의 정도에 따라 1~5%까지 줄어들며, 미디엄 로스트일 때는 2~3% 정도로 감소한다.

(2) 가용성 성분

가용성 성분은 온도와 관계없이 낮은 온도에서도 물, 액체, 약품 등에 잘 녹는 물질의 성질을 의미한다. 원두를 분쇄하여 추출하였을 때 녹아나오는 성분으로 생두 안에 있는 당분, 단백질, 유기산 등은 갈변반응을 통해서 가용 성분으로 바뀌게 된다.

(3) 카페인

로부스타종은 아라비카종 보다 2배 가까이 카페인이 높다. 카페인은 퓨린(purine) 염류에 속하는데 씨앗과 잎에도 소량 함유되어 있으며, 원두에 함유된 양은 1% 정도이며 로스팅을 하게 되면 약 16% 정도 줄어든다.

(4) 갈변 반응(sugar-browning)

■갈변 반응
조리나 가공과정 또는 저장 중에 효소적, 비효소적 작용에 의하여 갈색으로 변화하는 것

갈변 반응이란 조리나 가공과정 또는 저장 중에 효소적, 비효소적 작용에 의하여 갈색으로 변화하는 것이다. 커피의 갈변 반응은 비효소적 갈변반응 작용에 의한 것으로 캐러멜화, 마이야르 반응, 클로로제닉산에 의한 갈변이 원인이다.

❶ 캐러멜화(caramelization)

당을 고온으로 가열할 때 발생하는 것으로 생두에 5~10% 포함되어 있는 자당(sucrose)이 캐러멜당으로 변화하는 반응이다.

❷ 마이야르 반응(maillard reaction)

로스팅 시 생두에 포함되어 있는 미량의 아미노산이 환원당(포도당, 과당, 맥아당, 자당 등)과 다당류 등과 결합하여 갈색의 중합체인 멜라노이딘(melanoidin : 갈변물질)을 만드는 반응을 말한다. 이 반응의 결과로 짙은 갈색을 띄게 되고 이때 생성된 분자들이 반응을 일으켜 커피 향기를 생성하게 되는 것이다.

■마이야르 반응
로스팅 시 생두에 포함되어 있는 미량의 아미노산이 환원당(포도당, 과당, 맥아당, 자당 등)과 다당류 등과 결합하여 갈색의 중합체인 멜라노이딘(melanoidin : 갈변물질)을 만드는 반응

❸ 클로로제닉산(chlorogenic)에 의한 갈변

클로로제닉산과 단백질 및 다당류와의 반응으로 고분자의 갈색색소가 형성된다.

4) 커피 로스팅 단계(Degree of Roast)

로스팅의 단계별 명칭은 국가나 지역마다 조금씩 차이가 있다. 대표적인 것이 미국 스페셜티 커피 협회(SCAA, Specialty Coffee Association of America)의 SCAA분류법과 국내와 일본에서 주로 사용하는 전통적인 8단계 분류법이다.

SCAA분류법은 에그트론(Agtron) 사의 M-basic이라는 기계를 이용해 총 8단계로 분류한다. 그리고 로스팅 정도를 눈으로 확인해 볼 수 있도록 Tile #95~#25까지 8단계로 분류된 Color Roast Classification System을 소개하고 있다. 8단계 분류법의 명칭은 나라마다 선호하는 로스트 스타일에 따라 나라나 도시 이름을 따서 붙여졌다.

(1) 커피 로스팅 정도에 따른 분류

❶ 아메리칸(light roast)

최약배전, 아주 엷게 볶고, 밝고 연한 황갈색, 신맛이 매우 강하며, 향이 거의 없고 바디감은 느낄 수 없다.

❷ 시나몬(cinnamon roast)

약배전, 황갈색, 커피의 신맛이 가장 두드러지며, 엷게 볶고, 계피색, 약한 단맛과 쓴맛으로, 향이 거의 없다.

❸ 마일드(medium roast)

중약배전, 보통 정도로 볶고, 밤색, 중간 정도의 부드러운 맛으로 단맛, 신맛과 약한 쓴맛을 적절히 느낄 수 있어 편안히 마실 수 있다.

❹ 하이 로스트(hight roast)

중배전, 미디엄 보다 좀더 볶고, 연한 갈색, 신맛보다 단맛이 더 두드러지게 되며, 약한 쓴맛을 느낄 수 있으며, 가장 많이 로스팅 되는 단계이다. 레귤라 커피로써 핸드드립용으로 가장 이상적이다.

■SCAA의 분류법

- Very Light
- Light
- Moderately Light
- Light Medium
- Medium
- Moderately Dark
- Dark
- Very Dark

❺ 유러팬(city roast)

중강배전, 중간 정도로 볶고, 진한 밤색, 깊은 맛, 표준적인 맛, 약한 신맛과 쓴 맛으로 스트레이트 커피로 사용하며 균형 잡힌 맛과 다소 강한 향미가 특징이다.

❻ 풀시티 로스트(full-city roast)

강약배전, 강하게 볶아 흑자색, 쓴맛과 커피 고유의 깊은 맛, 아이스커피로 적당하며, 우유 등을 가미한 메뉴 제조에 적당하다.

❼ 프렌치 로스트(french-city roast)

강배전, 강하게 볶고, 진한 흑자색, 매우 깊은 맛, 약한 단맛과 신맛, 강한 쓴 맛, 원두표면의 지방이 스며 나오며, 유럽 스타일의 카페 로얄, 아이리시에 사용한다.

❽ 에스프레소(Italian roast)

탄화할 정도로 볶고, 검은 색에 가까운 색, 약한 단맛, 매우 강한 쓴맛, 커피 특유의 향이 없고, 원두가 타는 향이 나며, 에스프레소와 카푸치노 용도로 적당하다.

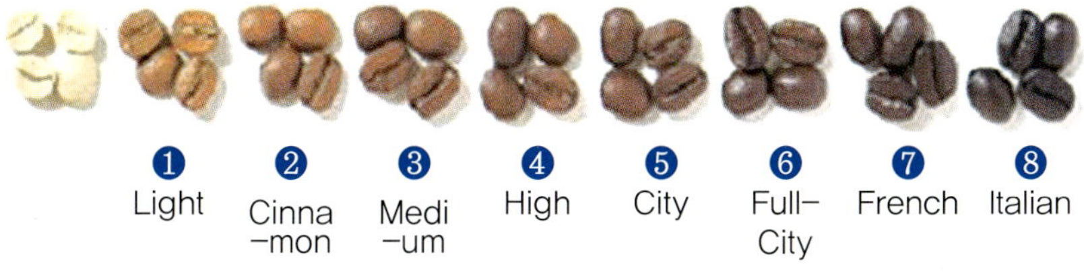

우리나라는 주로 일본에서 들어온 8단계의 분류법을 사용한다.

[표 9] 로스팅의 단계별 분류

구분								
일본	Light (최약)	Cinnamon (약)	Medium (약강)	High (중약)	city (중중)	Full-city (중강)	French (강)	Italian (최강)
	1차 시작	1차 진행	1차 완료	2차 직전	2차 시작	2차 중간	2차 종반	2차 이후
	약배전		중배전		중강배전		강배전	
미국	Cinna-mon	Cinnamon New-England	Light New-England	Light Medium American	Medium City American	Vienna Full city Espresso Continenental	French Espresso Italian Dark	Dark French Spanish
		1차크랙				2차크랙		
	Light				Medium	Dark		Darkest
SCAA	95	85	75	65	55	45	35	25
명도(L값)	30.2	27.3	24.2	21.5	18.5	16.8	15.5	14.2

배전의 정도가 심할수록 카페올(caffeol)과 커피오일이 표면으로 더 많이 배어 나오는데 이러한 현상을 sweating이라고 한다.

04 로스팅 방식

12~13세기 아랍에서는 찰흙이나 돌로 만든 그릇에 생두를 올린 후 불 위에서 로스팅을 한 것으로 알려져 있다. 그리고 1650년경 원통형의 로스터가 출현하였으며 19세기에 이르러 오늘날 가장 보편적으로 사용되는 드럼형 로스팅 기기가 등장하였다.

사용 연료 또한 예전에는 나무나 석탄, 숯 등을 사용하였으나 최근에는 전기나 가스 등을 주로 이용한다.

현재 가장 많이 보편화되어 있는 로스팅 방식은 직화식, 반열풍식, 열풍식으로 나누어진다. 로스팅 방식은 직화식의 형태에서 반열풍식, 열풍식으로 변해가고 있으며 이는 직화 방식보다는 열풍 방식이 보다 안정적인 결과를 얻을 수 있기 때문이다.

■로스팅 방식

- 직화식
- 열풍식
- 반열풍식

1) 직화식

화력이 드럼의 구멍을 통하여 직접 드럼 내부의 커피를 로스팅하는 방식으로 구조가 단순하고 고장이 적어서 가장 널리 사용되고 있다.

직화식은 회전하는 드럼에 작은 구멍들을 뚫어 아래의 불이 생두에 직접 닿는 방식이다.

❶ 원리

- 원통형 드럼의 회전에 의한 로스팅
- 통 속에 생두를 넣고 열을 가하여 생두를 볶는다.

❷ 장점

- 예열시간이 짧아 경제적이다.
- 커피의 맛과 향이 직접적으로 표현되어 로스터의 개성을 발휘할 수 있다.
- 생두의 특징에 맞게 다양한 로스팅 방법이 가능하다.

■로스팅의 열원

- LPG가스
- LNG가스
- 전기
- 숯불

❸ 단점

- 생두의 팽창이 적고, 균일한 로스팅이 어렵다.
- 연기가 많이 발생한다.
- 열량 손실이 많다.

2) 반열풍식

반열풍식은 생두에 직접 불이 닿지 않게 철판으로 막혀있으며, 드럼 뒷면에 구멍이 뚫려 있다.

표면에 구멍이 뚫려 있지 않으며, 드럼 뒷면에 일정한 간격으로 구멍이 뚫려 있다. 화력의 일부는 드럼을 가열하여 데워진 드럼에 의해 커피를 로스팅하고(약 60% 정도) 또 일부는 드럼 뒤쪽을 통하여 드럼 내부로 전달(약 40% 정도)되어 로스팅되는 방식이다.

❶ 원리

- 직화식 로스터의 변형
- 드럼 뒤쪽에서 내부로 열풍이 전달되어 연소가스가 드럼 내부를 순환한다.

❷ 장점

- 열효율이 높아 직화식보다 균일한 로스팅이 가능하다.
- 혼합 블렌딩이 가능하다.
- 원두 내부의 팽창이 쉽다.
- 안정적인 커피 맛을 얻을 수 있다.

❸ 단점

- 드럼 내부의 예열시간이 직화 방식에 비해 길다.
- 이동이 불편하고 비용부담이 커 상용화가 어렵다.
- 직화방식보다 개성적인 커피 맛을 표현하기가 어렵다.
- 저온 로스팅이 어렵다.

3) 열풍식

반열풍식과 같이 드럼의 뒷부분을 통하여 열풍을 원두사이로 순환시켜 커피를 로스팅하는 방식으로 대형로스팅 방식으로 인스턴트 커피 제조용으로 많이 사용된다.

열풍식은 배전기 본체와 다른 연소실 버너로 만든 열풍만을 드럼 내부로 보내 열이 생두 사이를 순환하면서 볶는다.

❶ 원리

- 열풍을 원두 사이로 순환시켜 로스팅한다.

❷ 장점

- 균일하고 단시간에 로스팅이 가능하다.
- 대량으로 생두를 볶을 수 있다.
- 가장 안정적인 커피 맛과 향을 유지할 수 있다.
- 공급되는 열량 손실이 가장 적은 방식이다.

❸ 단점

- 드럼 내부의 예열시간이 가장 길다.
- 저온 로스팅이 어렵다.
- 개성적인 표현에 한계가 있다.

로스팅이 완료되면 즉시 로스터에서 원두를 배출시켜 냉각과 불순물 제거 과정을 거친다.

로스팅이 완료되면 즉시 로스터에서 원두를 배출시킨다. 로스터 내부의 온도 때문에 원하는 단계보다 더 진행될 수 있기 때문이다. 냉각과 불순물 제거 과정을 거친 후 통상 10시간 정도는 밀폐된 상태에서 원두 속에 남아 있는 탄산가스를 방출한다.

탄산가스는 커피의 산패를 지연시키는데 도움을 주고 원두의 신선도를 나타내는 지표가 되기도 한다. 그 후 외부 공기가 유입되지 않도록 밀봉하여 서늘하고 어두운 장소에 보관하는 것이 좋다.

05 홈 로스팅(home roasting)

홈 로스팅이란 로스팅 머신을 사용하지 않고 다른 기구를 사용하여 가정에서 직접 로스팅을 하는 것을 말한다. 홈 로스팅을 할 수 있는 도구는 매우 다양하며, 열이나 화력을 생두에 전달할 수 있는 도구는 모두 가능하다. 본서에서는 수망 로스팅을 중심으로 설명하고자 한다.

■홈 로스팅
로스팅 머신을 사용하지 않고 다른 기구를 사용하여 가정에서 직접 로스팅하는 것

수망은 가정에서 편리하게 커피를 볶을 수 있는 로스팅기구의 일종으로 손잡이가 있는 둥근 망이다. 비교적 저렴한 가격으로 로스팅을 체험하고 즐길 수 있는 장점이 있으며, 커피를 볶는 직화식에 해당된다.

1) 홈 로스팅의 장점

- 필요한 양만큼 로스팅을 함으로써 커피의 낭비를 줄일 수 있다.
- 본인이 원하는 로스팅 정도에 맞춰 원두를 로스팅할 수 있다.
- 원산지별로 다양한 종류의 생두 특성에 대한 이해의 폭을 넓힐 수 있다.
- 항상 신선한 커피를 마실 수 있다.
- 원두를 구입하는 것보다 생두를 구입하는 것이 훨씬 경제적이다.

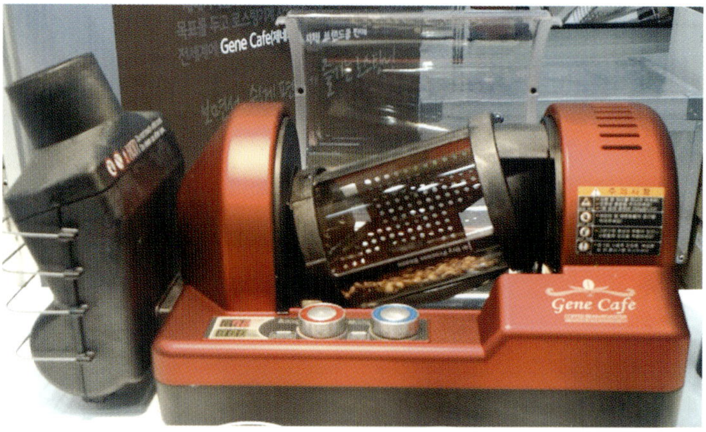
Gene Cafe
Gene Cafe

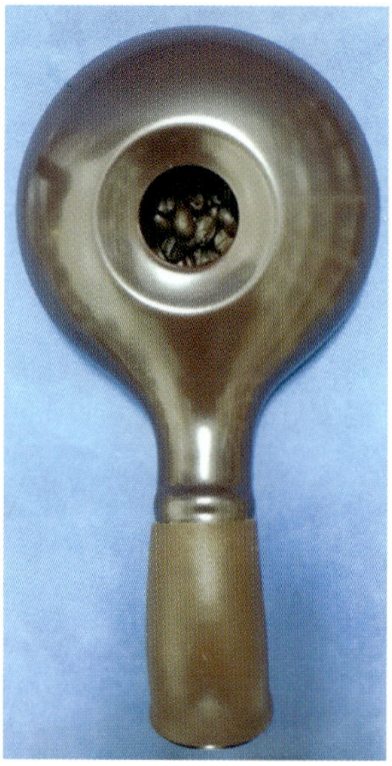

2) 수망 로스팅 방법

❶ 수망은 대, 중, 소 3가지 크기 중 자신에게 맞는 크기를 정하여 준비한다.

❷ 준비된 생두를 수망 안에 넣는다. 생두는 수망 바닥에 깔릴 정도가 적당하다.

❸ 휴대용 가스레인지에 점화를 한 후 수망을 수평으로 좌우로 골고루 흔들어 준다. 수망을 앞뒤로, 좌우로 골고루 흔들어 주면서 가끔씩 원을 그리듯이 회전시켜 준다.

가정에서 수망 로스팅을 이용할 경우 연기가 많이 발생할 수 있으므로 환기가 잘 되는 곳에서 사용하는 것이 좋다.

❹ 불과의 높이는 10~15cm가 적당하며, 1차 크랙 후 화력을 1/3 정도 줄인다. 2차 크랙이 일어나면 다시 화력을 1/2 정도로 줄인다.

❺ 수망을 쉬지 않고 로스팅이 완료될 때까지 콩을 잘 섞어주어 어느 한 쪽 면이 타지 않도록 해야 하며, 생두와 형태와 향이 어떻게 변화하는지 살펴본다.

❻ 로스팅이 진행되면 생두에 붙어 있던 실버 스킨이 분리되기 시작하며 잘게 부수어져 떨어지게 된다.

[핸드 로스팅]

06 블렌딩(Blending)

블렌딩이란 커피의 특성이 서로 다른 원산지별 커피를 혼합하여 새로운 맛을 창출하는 것을 말한다.

■블렌딩
커피의 특성이 서로 다른 원산지별 커피를 혼합하여 새로운 맛을 창출하는 것

커피는 산지에 따라서 색상과 형태, 맛이 다르다. 한 곳의 산지에서만 재배되고 수확된 단일 품종의 커피를 '스트레이트(strait)' 라고 하고, 여러 산지의 원두를 혼합하는 것을 '블렌드(blend)' 라고 한다.

커피를 블렌딩하는 목적은 원두가 품종별로 각기 다른 맛과 향을 가지고 있으므로 서로 부족한 점을 보완해 조화로운 맛과 향을 만들어내는 데 있다.

■블렌딩 목적
원두의 품종별로 다른 맛과 향을 가지고 있으므로 서로 부족한 점을 보완해 조화로운 맛과 향을 만들어 내는 데 있다.

커피는 쓴 맛과 신맛의 조화로 맛을 낸다. 완벽하고 조화된 맛을 내는 단일 품종의 원두는 찾기 어렵기 때문에 몇 가지의 원두를 섞게 되는데 쓴 맛이 강한 원두에는 신 맛의 원두를, 신 맛이 강한 원두에는 쓴맛의 원두를 섞어 원하는 조화로운 맛을 내게 된다.

보통 블렌딩 시에는 2~5종의 원두를 섞는 것이 적합한데 블렌딩을 하고자 할 경우 원두 각각의 맛과 향에 대한 특성을 잘 알아야 한다. 블렌딩을 통해서 각각의 커피가 갖는 고유의 맛을 잃지 않으면서도 조화로운 맛과 향을 내야 하기 때문에 많은 경험과 정성이 필요한 작업인 것이다.

최초의 블렌딩 커피는 모카 자바 커피이다.

최초의 블렌딩 커피는 인도네시아 자바 커피와 예멘, 에티오피아의 모카 커피를 혼합한 모카 자바(Mocha-Java)로 알려져 있다. 고급 아라비카 커피는 스트레이트(Straight)로 즐기는 것이 보통이지만 원두의 원산지, 로스팅 정도, 가공방법, 품종에 따라 혼합 비율을 달리하면 새로운 맛과 향을 가진 커피를 만들 수 있다.

질이 떨어지는 커피도 블렌딩을 통해 향미가 조화로운 커피로 만들 수 있다. 즉 커피 블렌딩은 각각의 원두가 지닌 특성을 적절하게 배합하여 균형 잡힌 맛과 향기를 내는 과정을 뜻한다. 따라서 커피 블렌딩을 위해서는 원두의 특징, 블렌딩 결과에 대한 경험과 이해가 필요하다.

블렌딩은 각각의 원두가 지닌 특성을 적절하게 배합하여 균형 잡힌 맛과 향기를 내는 과정으로 나만의 하우스 블렌드 커피를 만들 수 있다.

블렌딩은 단종(Straight)커피의 고유한 맛과 향을 강조하면서도 좀 더 깊고 조화로운 향미를 창조할 수 있다. 또한, 개인의 취향에 따라 원두의 종류와 혼합비율을 달리할 수 있으므로 나만의 하우스 블렌드(House Blend) 커피를 만들 수 있고 스트레이트 커피로 즐기기에는 부족한 커피와 고급 아라비카 커피를 혼합하여 맛과 향의 상승효과를 내는 장점이 있다.

1) 블렌딩 과정

(1) 추구하는 맛과 향을 결정

커피를 블렌딩하여 새로운 맛을 만들고자 할 때 두 가지 포인트, 즉 전체적으로 균형 잡혀 있는 커피를 만들 것인가 아니면 자기만의 독특한 개성이 느껴지는 커피를 만들 것인가를 먼저 생각해야 한다.

균형(balance)	개성(accent)
커피의 맛과 향이 특정한 한 가지가 두드러지지 않고 전체적으로 균형 잡혀 있는 대중적인 커피	자신만의 개성적인 맛이나 향의 포인트를 살린 독특한 개성이 돋보이는 커피

(2) 생두의 선택

자신의 블렌딩 목적에 가장 부합하는 생두를 선택한다.

(3) 로스팅 포인트 결정

단종별로 최대의 맛과 향이 발휘될 수 있는 포인트에 따라 로스팅 정도를 결정한다.

(5) 배합 비율의 결정

단종별로 로스팅을 하고 나면 배합비율을 결정해야 하는데 비율별로 각각의 맛을 평가하여 최적의 비율을 찾아내야 한다. 비율의 결정은 추출보다는 커핑(cupping)을 통한 방법이 더 효율적이며, 커핑을 통해 맛을 보다 객관적으로 평가할 수 있다.

(6) 블렌딩 시 주의점

- 자신이 표현하고자 하는 특성에 맞는 커피를 선택한다.
- 특성이 비슷한 커피는 피한다.
- 균형과 개성 중 한 가지만 선택한다.
- 지속적인 생두의 공급 가능성을 염두에 두어야 한다.

2) 블렌딩 방법

커피를 블렌딩할 때는 우선 원하는 기호에 잘 맞는 생두를 선택하는 것이 중요하다. 예를 들어 신맛을 강조하고 싶다면 이르가체페, 탄자니아, 파푸아뉴기니 등을 선택하고, 쓴맛을 강조하고 싶다면 로부스타 커피를 선택한다.

■블렌딩 방법
- 혼합 블렌딩
- 단종 블렌딩

다만, 혼합되는 원두의 가짓수가 너무 많지 않도록 3~5가지 안의 범위에서 선택하는 것이 좋다. 원산지 명칭을 사용하는 경우에는 해당 커피를 30% 이상은 사용하는 것이 좋다.

(1) **로스팅 전 블렌딩**(혼합 블렌딩, blending before roasting)

기호에 따라 미리 정해 놓은 생두를 혼합하여 동시에 로스팅하는 방법이다. 한번만 로스팅하므로 편리하고, 블렌딩된 커피의 색이 균형적이다. 그러나 생두의 특징이 고려되지 않기 때문에 정점 로스팅 정도를 결정하기 어려운 단점이 있다.

(2) **로스팅 후 블렌딩**(단종 블렌딩, blending after roasting)

각각의 생두를 로스팅한 후 블렌딩하는 방법이다. 정점에서 로스팅 된 원두가 서로 혼합되어 풍부한 맛과 향을 얻을 수 있다. 그러나 혼합되는 가짓수만큼 일일이 로스팅을 해야 하고, 생두에 따라 로스팅 정도가 다르므로 블렌딩 커피의 색이 불균형하다.

[표 10] 단종 블렌딩과 혼합 블렌딩

구분	단종 블렌딩	혼합 블렌딩
방법	각각의 생두를 따로 로스팅을 하고 난 후 블렌딩하는 방법	정해진 블렌딩 비율에 따라 생두를 미리 혼합한 후 로스팅하는 방법
장점	• 생두의 특성을 최대한 발휘 • 수확연도, 조밀도 등이 차이가 많이 나는 경우 유리함. • 개성적인 커피를 만드는데 유리함.	• 한번만 로스팅을 하므로 편리함. • 균일한 커피 맛을 낼 수 있다. • 밸런스 있는 커피를 만드는데 유리 • 재고부담이 적다.
단점	• 로스팅 횟수가 많아 작업이 번거로움 • 재고 관리가 어렵다. • 항상 균일한 맛을 내기가 어렵다.	• 조밀도, 수확연도 등의 차이가 많은 경우 적용이 어렵다. • 단계별 향 체크가 어렵다. • 투입 온도와 화력 조절의 기준을 정의하기가 어렵다.
조건	• 직화식, 반열풍식 모두 가능하다. • 생두 품질이 좋아야 한다.	• 반열풍식에 적합하다. • 조밀도와 수확연도가 동일해야 한다.

Ⅳ

커피 플레이버

Ⅳ

커피 플레이버

커피를 마실 때 느낄 수 있는 커피의 향기(Aroma)와 맛(Taste)의 복합적인 느낌을 향미(Flavor)라고 한다. 커피를 로스팅하고 난 후 나타나는 성분이 800여 가지라고 하므로 커피의 향미를 한 마디로 정확하게 표현하기란 매우 어렵다. 커피의 향과 맛의 특징을 체계적으로 평가하는 커퍼(Cupper)가 커핑 테스트(Cupping Test)를 통해서 커피의 향미를 평가한다.

01 커핑(Cupping)

커핑은 커피 샘플의 향(aroma)과 맛의 특성을 체계적으로 평가하는 것으로 커퍼에 의해서 수행된다. 커퍼는 커피 농장이나 대규모 로스팅 회사, 커피 제조회사 등에서 근무하며 커피를 평가하는 중요한 일을 하는데 선천적인 감각보다는 후천적인 반복적인 훈련을 통해 만들어진다.

■ **커핑(Cupping)**
커피 샘플의 향(aroma)과 맛의 특성을 체계적으로 평가하는 것

■ **커핑 목적**

커피의 품질을 확인함과 동시에 각각의 고유의 맛을 찾아내면서 객관적인 평가가 이루어지도록 함

커핑을 하는 이유는 커피의 품질을 확인함과 동시에 각각의 고유의 맛을 찾아내면서 객관적인 평가가 이루어지도록 함에 있다. 또한 커핑은 소비자들이 선호하는 특징의 생두 구입을 위해서나 커피를 로스팅하는 로스터들이 원하는 맛을 찾기 위해 사용되기도 한다.

생두는 보관과 유통과정에서 그 맛이 보존되거나 변질되기도 하므로 커핑 테스트를 통해 객관적 기준으로 평가하여 각각의 커피 샘플이 가지고 있는 본질적인 특성과 실제로 나타나는 차이를 파악해야 한다.

1) 커핑 준비

■ **커퍼(Cupper)**

음료로서의 커피의 맛을 감별하는 사람

(1) 로스팅된 원두

커피는 커핑을 하기 전 24시간 이내에 8~12분 정도 로스팅된 원두(중배전 정도, Agtron no. 55~60)를 사용한다. 이때 원두는 탄 맛이 없는 것을 사용하며, 샘플로 사용될 커피는 밀폐용기에 담겨져 실온상태 20℃ 정도의 어두운 곳에서 보관된 것이어야 한다.

(2) 원두의 분쇄

분쇄는 커핑하기 전 15분 이내에 되어야 하며, 커피는 가늘게 갈아야 하는데 모든 분쇄입자의 약 70~75% 정도가 미국 표준 20번 체(U.S. Standard size 20 sieve)를 통과하는 굵기여야 한다. 이러한 기준을 정하는 것은 분쇄커피의 추출수율이 18~22% 정도가 되도록 위함이다.

(3) 물

물은 커피의 맛뿐만 아니라 커핑에서 중요한 요소이므로 100~200ppm의 용존 미네랄을 함유하고 있어야 하며, 이는 시중에서 판매되는 생수와 같은 수준의 경도(hardness)이다.

(4) 커피와 물의 비율

커피와 물의 비율은 모든 컵에 대해서 동일하게 적용되어야 하는데 물 150ml(약 30oz)에 커피 8.25의 비율로 준비하는데 이러한 비율로 추출하게 되면 가용성 성분의 농도가 1.1~1.3% 정도가 된다.

(5) 커핑 컵

샘플 당 5개의 컵이 필요하며, 컵의 용량은 150~180(5~6oz), 지름은 7.6~8.9(3~3.5inch), 재질은 강화유리나 도기로 되어 있는 것을 사용한다.

(6) 커핑 스푼

스푼은 열 소실이 잘 되는 은재질의 스푼으로 4~5ml 커피를 담을 수 있어야 한다.

(7) 기타 준비물

커핑 기록지(cupping form), 그라인더, 온도계, 주전자, 스푼을 씻거나 입을 헹굴 컵, 커피를 뱉을 용기 등이 필요하다.

2) 커핑 방법

커핑 시 추출은 우려내기(infusion) 방식을 사용하는데 로스팅을 한 후 분쇄된 커피가 담긴 컵에 90~96℃(93.0℃±3°)로 끓인 물을 붓는다. 이 때 커피 입자들이 컵의 표면에 층(crust)을 형성하다가 뜨거운 물에 젖으면 가라앉기 시작한다. 인퓨전 과정은 3~5분 정도 걸리며, 표면의 층을 깨주고 커피를 잘 저어서 모든 커피 입자들이 잘 적셔져 컵의 바닥에 가라앉게 한 후 표면의 거품을 걷어내서 제거한다.

■커핑 단계
냄새 맡기→흡입→삼키기

3~5개의 컵을 준비하여 동시에 맛을 봄으로써 샘플간의 통일성이나 유사성을 평가한다. 냄새 맡기(Sniffing), 흡입(Slurping), 삼키기(Swallowing) 등의 단계를 거치는데 커핑순서는 다음과 같다.

(1) 분쇄된 커피 담기

분쇄한 커피를 각각의 컵에 8.25g씩 담는다.

■프래그런스 (Fragrance)
분쇄된 커피가루에서 올라오는 향

(2) 분쇄된 커피 향기 맡기(Fragrance, Dry Aroma)

프래그런스는 탄산가스와 방출되는 기체로 커피의 향기 속성과 강도를 체크해야 한다. 분쇄 후 15분 이내에 코를 컵에 가까이 대고 손 모양을 삼각형으로 만들어 향이 빠져나가지 않게 하여 향을 맡는다. 다른 컵들에 준비된 커피의 향을 맡으면서 플레이버 휠(flavor wheel) 등을 통해 어떤 향이 나는지 체크한다.

(3) 물 붓기(Pouring)

90~96℃ 정도의 끓인 물 150ml를 컵에 부어준다. 시간이 지나면서 커피 부유물이 올라오면서 부풀어 오른다.

(4) 추출 커피 향기 맡기(Break Aroma)

물을 붓는 동시에 타이머를 눌러 3분~5분 정도 지나면 컵 윗부분에 뜬 커피가루를 스푼으로 3번 정도 저어가면서 향(aroma)을 맡아가며 향의 변화를 평가한다.

물 붓고 난 후의 향을 아로마(Aroma)라고 한다.

(5) 거품 걷어내기(Skimming)

모든 커피 입자가 충분히 젖어 바닥에 가라앉도록 스푼으로 잘 저어 준 다음 2개의 스푼을 사용하여 표면에 있는 거품을 없애준다.

(6) 흡입(Slurping), 평가 · 기록

슬러핑은 스푼에 담긴 커피를 순식간에 빨아들여 입안에 퍼지게 하는 행위이다. 물의 온도가 내려가면(55~65℃) 커핑 스푼으로 약 6~8ml 정도 떠서 입안으로 강하게 흡입하여 혀와 입안 전체에 골고루 퍼지면 Flavor를 먼저 평가한다. 그 후 커피를 3~5초 머금으면서 혀를 입천장에 굴려서 Acidity, Body, Balance 항목을 평가하고 기록한다.

슬러핑은 스푼에 담긴 커피를 순식간에 빨아들여 입안에 퍼지게 하는 행위

커피의 온도가 실온에 접근하는 정도가 되면 나머지 Sweetness, Uniformity, Cleanliness 항목을 평가하고 기록한다. 커피를 뱉고 약 30초 후 입안에 남아있는 뒷맛(Aftertaste)을 평가, 기록한다.

[그림 3] 커피맛의 평가

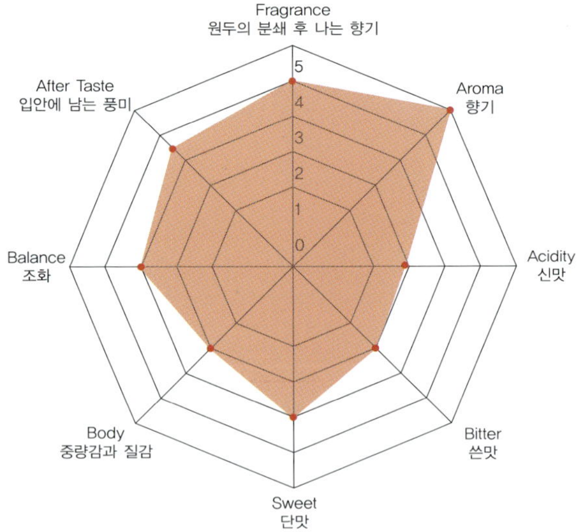

02 커피 플레이버의 평가

커피의 향미(flavor)에 대한 평가는 관능평가(sensory evaluation)를 하게 되는데 후각(olfaction), 미각(gustation), 촉각(mouth feel)의 세 단계를 거친다. SCAA(미국스페셜티커피협회)는 향과 맛을 평가함에 있어 오류를 적게 하게 하기 위하여 플레이버 휠(Flavor Wheel)을 제시하고 있는데 이것을 참고로 맛과 향을 객관적으로 표현한다.

SCAA는 원두의 재배, 수확, 유통, 로스팅 등 커피가 만들어지는 전 과정에서 스페셜티 커피가 갖춰야 할 기준을 만들고 스페셜티 커피업계의 발전과 회원 간의 교류를 목적으로 하는 비영리 단체이다.

[그림 4] SCAA의 Coffee Taster's Flavor Wheel

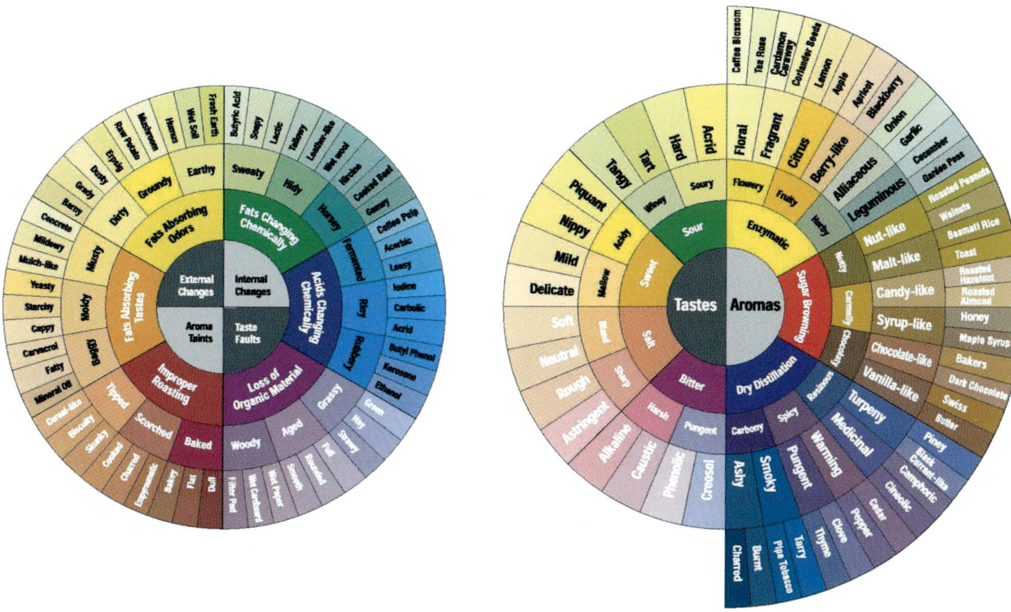

SCAA는 커피의 맛과 향을 객관적으로 표현할 수 있도록 플레이버 휠(Flavor Wheel)을 제시하였다.

자료 : http://www.scaa.org/?page=resources&d=scaa-flavor-wheel

1) 부케(Bouquet)의 구성

■ 부케(Bouquet)
전체 커피 향기의 총칭
Fragrance, Aroma, Nose, After taste

커피는 각기 다른 특유의 향기 특질을 가지고 있으며, 전체 커피 향기를 총칭하여 부케(Bouquet)라고 한다. 커피 향기는 서로 다른 온도에서 기화되는 여러 가지 화합 물질의 상대적 휘발성에 따라 다음의 4가지로 분류된다.

[표 11] 부케의 구성

향기	특성	원인 물질	주로 나는 향기
Fragrance	볶은 커피의 분쇄 향기 (dry aroma)	에스테르 화합물	• flower
Aroma	추출 커피의 표면에서 맡을 수 있는 향기(cup aroma)	케톤이나 알데히드계통의 휘발성 성분	• fruit • herbal • nut-like
Nose	마실 때 느껴지는 향기	비휘발성 액체 상태의 유기 성분	• candy • syrup • caramel
After taste	마시고 난 다음 느껴지는 향기(뒷맛, 후미)	지질 같은 비용해성 액체와 수용성 고체 물질	• chocolate • spice • turpeny

2) 향기의 강도

커피의 향기를 평가할 때 중요한 것은 향기의 강도(intensity)이다. 강도는 향기를 이루는 유기 화합물의 풍부함(fullness)과 세기(strength)의 척도이다. 전체 커피 향기(bouquet)의 강도를 정도에 따라 다음과 같이 분류할 수 있다.

[표 12] 향기의 강도

강도	내용
Rich	풍부하면서 강한 향기(full & strong)
Full	풍부하지만 강도가 약한 향기(full & not strong)
Rounded	풍부하지도 않고 강하지도 않은 향기(not full & not strong)
Flat	향기가 없을 때(absence of any bouquet)

3) 후각에 의한 평가

(1) 효소에 의한 향기

생두가 자라는 동안 효소 작용에 의하여 생성된 것을 주로 에스테르와 알데히드 화합물이며 가장 휘발성이 강하며 신선한 분쇄된 커피에서 자주 느낄 수 있는 향기이다. 꽃향기(Flowery), 과일 향기(Fruit), 풀 향기(Herby)로 나뉜다.

(2) 당의 갈변 반응에 의한 향기

커피를 로스팅하는 과정에서 당의 갈변반응(caramelization)의 결과로 생성된 향으로 고소한 향(Nutty), 캐러멜향(Caramelly), 초콜릿 향(Chocolaty)이 있다.

(3) 건열 반응에 의한 향기

콩에 있는 섬유질의 건류 반응에 의해 생성되며 가장 늦게 증발한다. 일반적으로 커피의 뒷맛에서 증기 형태로 느껴진다. 송진향(Turpeny), 향신료(Spice), 탄 향(Carbony)이 있다.

[표 13] 커피향기의 계열

효소에 의한 향기		당의 갈변 반응에 의한 향기		건열 반응에 의한 향기	
Flowery	Floral	Nutty (약배전커피)	Nutty	Turpeny	Resinous
	Fragrant		Malty		Medicinal
Fruity	Citrus-like	Caramelly (중배전커피)	Candy-type	Spicey	Warming
	Berry-type		Syrup-type		Pungent
Herby	Alliaceous	Chocolate (강배전커피)	Chocolate-type	Carbony	Smoky
	Leguminous		Vanilla-type		Ashy

4) 미각에 의한 평가

커피의 기본적인 맛은 단맛, 신맛, 짠맛, 쓴맛의 네 가지가 기본 맛인데 쓴 맛의 역할은 단지 다른 세 가지 맛의 강도를 조절할 뿐이나 질이 낮은 커피나 강배전 된 커피에서 쓴 맛이 지배적으로 느껴진다. 관능 평가에서 쓴맛을 제외한 세 가지 기본 맛의 조정은 6가지 일차 맛(primary taste)을 유도한다.

■커피의 기본 맛
- 단맛
- 신맛
- 짠맛
- 쓴맛

(1) 네 가지 기본 맛(Four Basic Tastes)

❶ 단맛(sweetness)

자당 또는 과당이 녹아 있는 액체에서 느낄 수 있는 맛이 나는 커피를 말한다. 과일, 초콜릿, 캐러멜 냄새와 연관되어 있다. 기분 나쁜 맛과 반대되는 개념이다. 당, 알코올, 라이콜(lycol)과 일부 산 용액의 특징적인 맛으로 주로 혀의 앞 쪽 끝에서 감지한다.

❷ 짠맛(saltiness)

> 단맛, 신맛, 짠맛의 세 가지 기본 맛의 조정은 6가지 일차 맛을 유도한다.

커피가 입에서 느껴지는 표현으로 소금기가 느껴지는 커피를 의미한다. 염소, 브롬, 요소, 질산염, 황산염 용액의 특징적인 맛으로 혀 앞쪽에서 인식한다.

❸ 신맛(sourness)

유기산, 주석산, 구연산, 사과산 용액의 특징적인 맛으로 혀의 뒤쪽 측면에서 감지한다. 식초 또는 식초의 주성분이 초산과 흡사한, 지나치게 날카롭고 혀를 찌르는 듯한 커피를 지적할 때 사용하는 단어이다. 발효된 커피를 가리킬 때에도 사용된다. 커퍼는 신맛과 산미를 혼동해서는 안 된다.

❹ 쓴맛(bitterness)

> 쓴맛은 커피의 평가요소에 포함되지 않는다.

카페인, 퀴닌, 특정 알칼로이드가 녹아 있는 물에서 나는 맛으로 혀의 뒤쪽에서 감지한다. 커피에서 쓴맛은 과하지 않은 수준에서는 필요하다고 여겨지며, 커피원두를 얼마나 로스팅하느냐에 따라 결정된다.

[표 14] 커피의 기본 맛

맛의 종류		내용
Sour	Soury	커피의 맛이 혀에서 아리고 쏘는 듯한 시큼한 느낌을 주는 맛
	Winey	와인을 마셨을 때와 같은 신맛과 약간의 달콤한 맛
Sweet	Acidy	오렌지를 먹었을 때와 같이 상큼한 단맛과 신맛이 동시에 나타나는 맛
	Mellow	커피를 마시고 난 후에 입안에서 느껴지는 부드러운 단맛
Salt	Bland	특징적인 맛을 느낄 수 없는 평범하고 부드러운 맛
	Sharp	커피의 맛이 신맛과 강한 짠맛으로 톡 쏘는 듯한 날카로운 맛
Bitter	Harsh	자극적이고 쓰고 텁텁한 맛
	Pungent	예리하거나 불쾌한 느낌의 아리고 톡 쏘는 듯한 맛

(2) 여섯 가지 1차 맛(Six Primary Coffee Tastes)

커피의 기본 맛은 각 맛의 상대적 강도에 따라 '맛의 조정' 과정을 통해 상호 작용한다.

기본 맛은 각 맛의 상대적 강도에 따라 '맛의 조정(taste modulation)' 과정을 통해 상호 작용을 하는데 커피는 여섯 가지 일차 맛을 정확하게 식별해야 한다.

[그림 5] 맛의 상호 작용

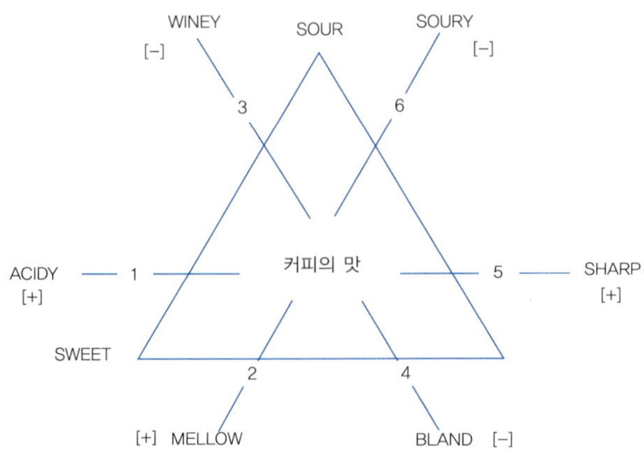

자료 : 유대준, 커피의 이해(재정리)

(3) 온도와 맛의 변화

- 당은 고온에서 현격히 감소하므로 단맛은 온도가 높아지며 상대적으로 약해진다.
- 짠맛은 온도가 높아지면 상대적으로 약해진다.
- 과일 산은 온도 변화에 따른 영향을 받지 않으므로 신맛은 온도의 영향을 거의 받지 않는다.

5) 촉각에 의한 평가

촉각(mouth full)은 음식이나 음료를 섭취하거나 섭취한 후 입안에서 물리적으로 느끼는 촉감을 말한다. 입안에 있는 말초 신경이 커피의 점도(viscosity)와 미끈함(oilness)을 감지하는데 이 두 가지를 합해서 바디(Body)라고 표현한다. 점도는 커피 추출액에 있는 고형 성분의 양에 따라 결정되는데 주로 추출 시 여과되지 않은 미세한 섬유소로 구성되어 있다.

(1) 지방(Fatty Oils)

생두는 7~17%의 지방을 가지고 있는데 커피 지방은 전체적인 커피의 향괴와 맛을 내는데 미묘하면서도 중요한 역할을 한다.

커피 오일은 플레이버 물질을 전달하고, 커피의 향기와 맛을 오염시키는 외부 물질들을 운반한다.

- 커피 추출액의 표면 장력을 감소시켜서 부드럽고 매끄럽게 느끼게 해준다.
- 커피 오일은 플레이버 물질을 전달한다. 또한 커피의 향기와 맛을 오염시키는 외부 물질들을 운반한다.
- 버터가 따뜻하고 습도가 높으면 산패되는 것과 같이 커피의 산패과정에서 향기와 맛을 변질시킨다.

(2) 침전물(Sediments)

물에 녹지 않는 고형 물질 또는 침전물은 두 가지 경로로 생성된다.

- 분쇄된 커피 입자의 표면에 붙어 있는 작은 섬유질들은 부유물로 떠 있다가 중력에 의하여 컵 바닥에 침전물로 가라앉게 된다.
- 물에 녹지 않는 고형 물질은 불용성 단백질로서 생두 안에 있는 아미노산으로 로스팅 과정 중에 결합하여 큰 분자 형태의 단백질이 되는데 분자가 크기 때문에 물에 녹지 않게 된다.

(3) 커피의 바디(Body)와 농도(strength)

커피의 바디는 커피 추출액에 떠 있는 불용성 물질(액체와 고체 상태)에 대해 입안의 말단 신경이 반응하여 느끼게 되는 촉감이다. 바디는 농도(strength)와 엄연히 다른데 농도는 커피 액의 가용성 성분의 양과 종류에 대한 강도를 느끼는 것을 말한다. 바디가 촉감의 특성이라면 농도는 맛의 특성이다. 커피가 바디는 강하지만 맛은 강하지 않을 수 있다.

03 커피의 맛과 향의 표현

1) 커피 맛과 관련된 표현

(1) 산미(acidity)

■산미(acidity)
오렌지 등 과일에서 느껴지는 상큼한 신맛

오렌지 등 과일에서 느껴지는 신맛을 지닌 커피를 표현할 때 사용한다. 날카로우면서 상쾌한 커피를 말한다. 적절한 산미를 가진 커피가 좋은 커피로 평가된다. 그러나 발효된 음식에서 느껴지는 시큼한 맛과는 다르며, 이는 좋은 품질의 커피가 아니다.

(2) 밀도/바디(body)

밀도가 높고 바디가 있는 커피란 입을 꽉 채우는 듯 맛과 향이 풍부하면서도 상쾌한 커피를 말한다. 바디가 약하다고 하면 이와 반대되는 의미로, 일반적으로 좋지 않은 커피를 말한다.

(3) 수렴성(astringency)

커피를 마시고 난 후 입이 마르는 듯한 느낌을 말한다. 수렴성이 강한 커피는 품질이 낮은 커피로 간주된다.

2) 커피 향과 관련된 표현

(1) 과일 향/감귤 향(fruity/citrus)

과일의 향과 맛이 나는 커피를 말한다. 특히 딸기(berry)류의 향과 연관된다. 이 향은 커피의 산미와 연관되어 있다. 아직 익지 않았거나 너무 익은 커피원두를 표현할 때 사용해서는 안 된다.

(2) 꽃향기(floral)

인동초, 재스민, 민들레, 쐐기풀 등의 꽃에서 뿜어져 나오는 향기가 나는 커피를 표현할 때 사용한다. 과일 또는 풀 향과 함께 맡을 수 있는 경우가 대부분으로, 독자적으로 꽃향기만 나는 커피는 드물다.

■선호하는 커피 향

- 과일 향
- 꽃 향
- 와인 향
- 초콜릿 향
- 캐러멜 향
- 곡물 향

(3) 와인 향(winey)

와인을 마실 때 경험하는 향기, 맛 그리고 입을 채우는 느낌이 드는 커피를 표현할 때 사용하는 단어이다. 신맛과 과일 향이 강한 커피에 주로 사용된다. 감별사는 와인 향을 신 냄새 또는 발효 향과 혼동해서는 안 된다.

(4) 초콜릿 향(chocolate-like)

코코아 파우더 또는 초콜릿과 비슷한 향기를 가진 커피를 표현하는 단어이다. 다크 초콜릿과 화이트 초콜릿의 향도 포함된다. 커피의 달콤한 향기를 지적할 때에도 사용된다.

(5) 캐러멜 향(caramel)

설탕을 캐러멜화할 때 나는 냄새와 비슷한 커피 향을 지칭한다. 캐러멜화는 태우는 것과는 다르며, 감별사는 이 용어를 타는 듯한 냄새를 표현할 때 사용하지 않도록 유의해야 한다.

(5) 견과류 냄새(nutty)

볶지 않은 땅콩, 도토리, 밤 등 견과류의 냄새를 말한다. 그러나 쓴 아몬드는 포함되지 않는다.

(6) 곡물 냄새/맥아 냄새/구운 빵 냄새(cereal/malty/toast-like)

토스트 등 구운 빵에서 나는 냄새, 곡물에서 나는 향기, 맥아 냄새 등과 비슷한 커피 향을 지칭한다. 더 정확하게는 익히지 않았거나 굽지 않은 곡물, 맥아 추출액, 갓 구운 빵과 막 구운 토스트의 냄새를 말한다.

(7) 고무 냄새(rubber-like)

■부정적인 커피 향

- 고무 냄새
- 썩은 냄새
- 화학 약품 냄새
- 흙냄새

뜨거운 타이어, 고무줄 등에서 나는 냄새를 말한다. 이러한 향이 나는 커피라고 해서 품질이 떨어지는 것은 아니며, 일부 커피에서는 강하게 느껴지기도 한다.

(8) 나무 냄새(woody)

목재, 참나무통, 죽은 나무, 마분지와 비슷한 커피의 냄새를 표현할 때 사용한다.

(9) 동물 냄새(animal-like)

이 향은 동물을 연상하게 한다고 해서 붙은 이름이다. 사향(麝香)과 같이 향기롭다는 의미는 아니다. 젖은 털, 땀, 가죽, 오줌의 냄새와 흡사하다는 의미이다. 이런 냄새가 난다고 해서 품질이 떨어지는 커피는 아니다. 일반적으로 향이 강한 커피를 설명할 때 사용하는 단어이다.

(10) 썩은 냄새(rancid/rotten)

여러 종류의 물질이 부식 또는 산화하면서 풍기는 냄새를 말한다. rancid는 견과류와 같이 지방이 많은 물질이 산화하면서 풍기는 고약한 냄새를, rotten은 부패한 채소와 같이 비지방성 물질의 불유쾌한 냄새를 지칭한다.

(11) 재 냄새(ashy)

재떨이, 흡연자의 손가락, 벽난로를 청소하고 난 후 손에서 나는 냄새와 비슷한 커피 향을 지칭한다. 부정적인 의미는 없다. 일반적으로 로스트의 정도를 지적할 때 사용하는 표현이다.

(12) 탄내/스모키(burnt/smokey)

탄 음식과 비슷한 향기를 표현할 때 사용하는 단어이다. 이 냄새는 나무를 태울 때 나는 연기의 냄새와 연관되어 있다. 이 단어는 감별사가 진하게 로스트한 커피원두를 표현할 때 사용한다.

(13) 화학물질 냄새/약 냄새(chemical/medicinal)

화학물질 또는 병원, 약품에서 맡을 수 있는 냄새와 비슷한 향기를 지칭한다. 화학 잔류물질이 많은 커피 또는 휘발성 물질과 흡사한 향이 있는 커피를 설명할 때 많이 사용하는 단어이다.

(14) 향신료(spicy)

정향, 계피, 올스파이스 등 달콤한 향을 가진 향신료와 흡사한 커피 향을 표현할 때 사용한다. 후추, 오레가노 등 다른 향신료의 냄새는 포함되지 않는다.

(15) 흙내(earthy)

신선한 흙, 축축한 땅, 부식토의 냄새가 나는 커피를 표현할 때 감별사가 사용하는 단어이다. 곰팡이, 생감자의 향이 나는 커피에도 적용된다. 흙 냄새가 나는 커피는 품질이 떨어지는 커피로 간주된다.

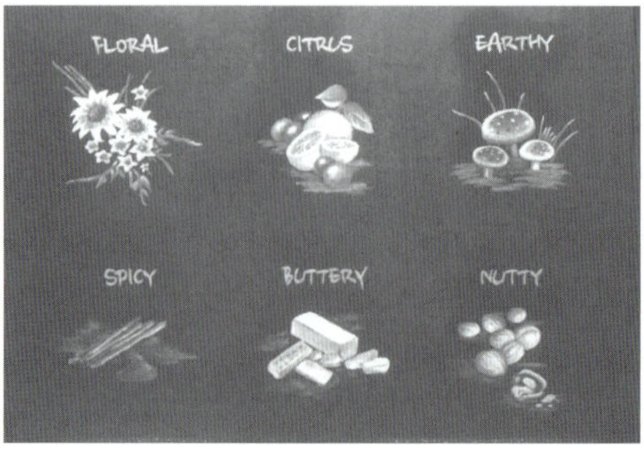

V

추출 (Brewing)

V

추출(Brewing)

01 추출(Brewing)

커피 추출은 품질이 좋은 생두를 선별하여 각 생두가 충분히 맛을 낼 수 있는 로스팅 포인트로 배전된 원두를 여러 가지 다양한 추출 기구들을 이용하여 물을 사용해 커피의 특성에 따른 향미 성분을 자기가 원하는 스타일로 커피의 성분을 뽑아내는 것이다.

■ **커피추출의 원리**
침투 → 용해 → 분리 등 3단계과정을 거친다.

1) 추출 과정

추출을 Extraction 또는 Brewing이라고 하는데 분쇄된 커피 입자들이 뜨거운 물을 만나서 커피의 가용성분이 용해되는 과정에서 용출된 성분들을 물의 침지 또는 여과 방식으로 추출을 하게 되는 것이다.

커피 추출은 침투→용해→분리의 3단계과정을 거친다. 침투는 물이 커피입자 속으로 스며드는 것이고, 용해는 침투 후 입자 내부의 수용성 성

커피의 맛은 생두의 질, 로스팅의 균일성, 추출 시간, 분쇄 정도, 수질, 추출 기구, 추출 방식, 온도 등 다양한 변수에 의해 좌우된다.

분을 녹아들게 하는 것이며, 분리는 녹아든 성분의 일부를 끄집어내는 과정이다.

한 잔의 훌륭한 커피를 만드는 것은 매우 복잡한데 "커피만큼 그 결과가 불확실한 조리과정은 없다. 각각의 사소한 변화가 그처럼 다른 결과를 낳는 과정 역시 없다"고 한 벤자민 톰슨(Benjamin Thomson, 1753~1814)의 말처럼 커피의 맛은 다양한 변수에 의해 좌우된다. 생두의 질, 로스팅의 균일성과 시간, 보관방법, 분쇄 정도, 수압, 수온, 수질, 추출 횟수, 물과 분쇄된 커피의 비율, 추출방식, 추출실력 등 다양한 변수들에 의해 좌우된다.

- 신선한 원두
- 로스팅 상태
- 알맞은 분쇄도
- 적합한 추출 기구
- 적절한 커피 양
- 양질의 신선한 물
- 추출에 알맞은 물의 온도와 물의 양
- 올바른 추출 방법
- 추출속도와 시간

2) 추출 기구와 추출 방식

처음 커피를 마시는 방법은 생두를 그대로 물에 넣어 끓이는 방법이었지만 차차 생두를 볶아 분쇄하여 그대로 뜨거운 물에 담아 끓여 우려내서 마시는 방법으로 발전하였다. 커피를 추출하는 방식은 끓여서 우려내는 방식, 여과 또는 필터방식, 진공 또는 감압방식, 압력방식(증기 또는 피스톤 압력방식) 등이 있다.

■추출 방식의 변화

- 끓여서 우려내기 방식
- 여과 또는 필터방식
- 진공 또는 감압 방식
- 증기 압력 방식
- 피스톤 압력 방식

여과 방식을 세분하면 삼출과 여과로 나눌 수 있으며, 삼출(침출)은 도자기나 철제 주전자의 미세한 구멍을 통해 커피가루에 물을 천천히 통과시키면서 커피를 추출하는 과정을 말한다. 여과는 투과성이 높은 천이나 거름종이를 이용해 커피의 고형 성분과 반 고형 성분을 걸러내는 과정이다.

■추출방식

• 끓여서 우려내기 방식

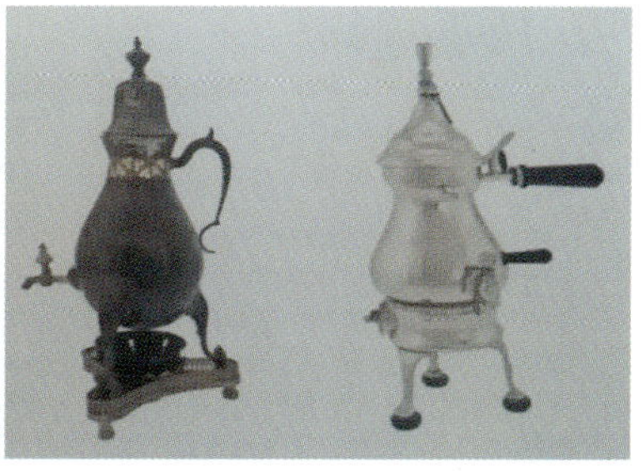

• 여과 또는 필터

• 거꾸로 뒤집는 여과 방식

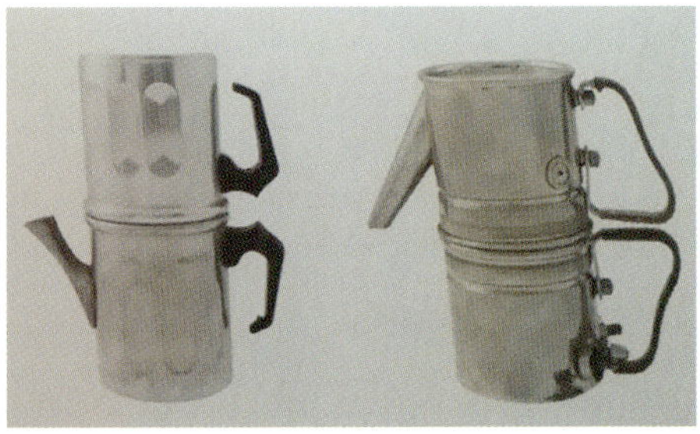

• 펌프 여과 방식

• 재순환 여과 방식

• 피스톤 또는 압력 여과 방식

• 정수압(hydrostatic pressure) 여과 방식

• 진공 또는 감압 방식(유리 용기)

• 진공 또는 감압 방식(밸런스)

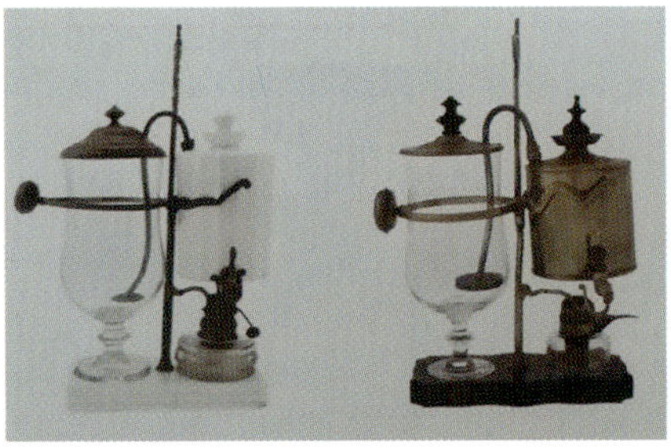

• 증기압력 방식

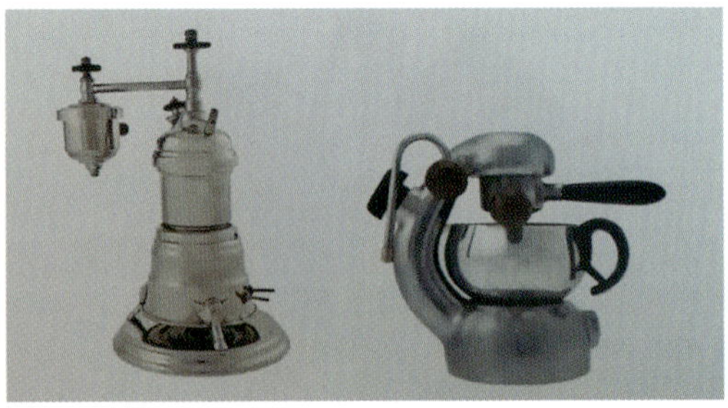

• 피스톤 압력 방식

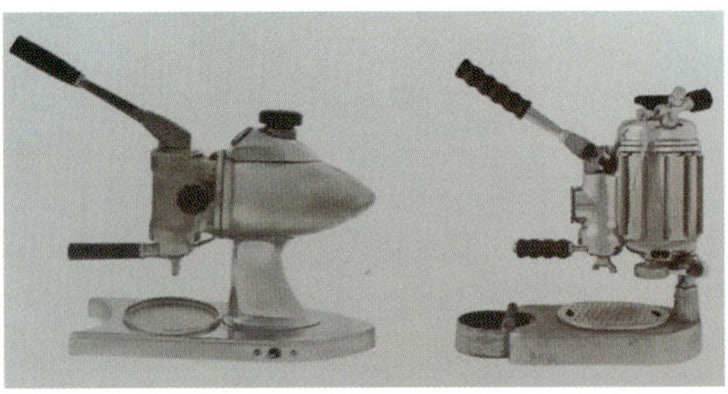
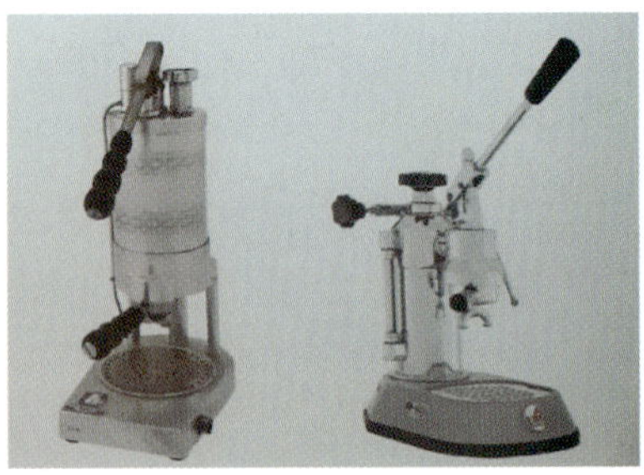

자료 : Enrico Maltoni & Mauro Carli(2013). 재정리

[표 15] 커피 추출 방식

종류		내용	기구
침출식	달임법	뜨거운 물에 분쇄한 커피를 넣고 같이 가열하여 커피 성분을 추출하는 방법	• 터키식 커피 • 사이폰 • 퍼콜레이터
	우려내기	커피 가루에 뜨거운 물을 부은 후 압력을 가해 커피 액을 추출하는 방법	• 프렌치프레스
여과법		필터에 커피를 넣은 후 물을 부어 커피성분만을 추출하는 방법	• 융 드립 • 페이퍼 드립 • 워터 드립
가압 추출법		커피 가루에 뜨거운 물을 압력을 가하여 통과시켜서 커피 액을 용해하는 방법	• 모카포트 • 에스프레소

[다양한 추출기구]

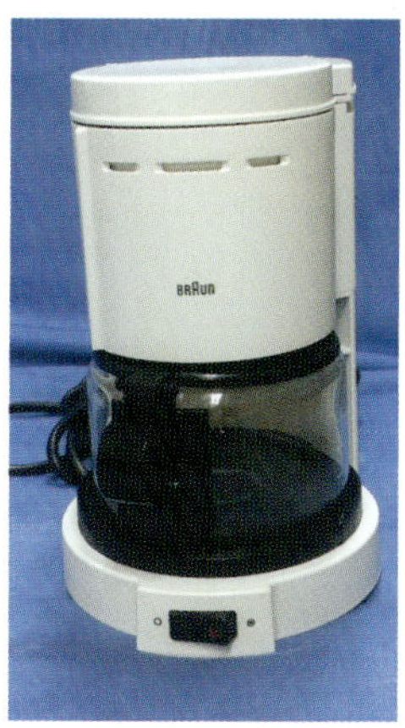

■ 커피 추출 방식
- 끓여서 우려내는 방식
- 여과 또는 필터 방식
- 진공방식
- 압력방식

3) 추출을 위한 준비

커피를 추출하기 위해서는 커피 원두와 물, 추출 방식에 맞는 기구가 있어야 한다.

(1) 분쇄(grinding)

■ **커피 분쇄 이유**
커피를 잘게 부수어 물과 접촉하는 커피 표면적을 넓게 함으로써 커피의 유효성분이 쉽게 용해되어 나오게 하기 위해서이다.

커피를 추출할 때 원두를 분쇄하는 이유는 커피를 잘게 부수어 물과 접촉하는 커피 표면적을 넓게 함으로써 커피의 유효성분이 쉽게 용해되어 나오게 하기 위해서이다.

커피는 추출하는 방법, 즉 드리퍼레이터(dripolator), 퍼콜레이터(percolator), 에스프레소(espresso) 머신 등 추출 기구에 따라 분쇄도가 각각 다르다.

추출하고자 하는 기구의 특성에 알맞은 크기의 입자로 분쇄를 하여야 하며, 분쇄 시 발생되는 미분은 물에 쉽게 용해되어 좋지 않은 맛의 원인이 되므로 되도록 미분이 발생하지 않도록 해야 한다.

일반적으로 커피 추출시간이 짧을수록 물과의 접촉을 늘려주기 위해 입자가 가늘어야 하며, 추출시간이 길어지게 되면 그 반대가 된다.

[표 16] 커피의 분쇄도

명칭	에스프레소 분쇄	가는 분쇄	중간 분쇄	굵은 분쇄
굵기	0.3mm 이하	0.3~0.5mm	0.5~1.0mm	1.0mm 이상
기구	에스프레소	사이폰, 융	드립식	프렌치프레소
추출시간	25~30초	1분	3분	4분

동일한 커피라 하더라도 분쇄 입자의 크기에 따라 맛이 달라지는데 분쇄된 입자가 작아지면 물이 필터를 천천히 통과하므로 추출성분이 그만큼 많아지게 되어 맛이 더 진해진다. 또한 분쇄된 입자가 너무 크면 물이 필터를 빨리 통과해 향미가 배어들지 못한다.

[표 17] 커피입자의 크기에 따른 특성

입자크기	물의 통과	추출성분	맛	특징
작다	느리다	많다	강하다	추출과다로 잡미 등이 생기기 쉽다.
크다	빠르다	적다	약하다	빠른 추출로 인해 커피 맛이 약해질 수 있다.

분쇄된 커피는 원두상태일 때 보다 산패가 빨리 진행되므로 추출하기 직전에 원두를 분쇄하는 것이 좋다.

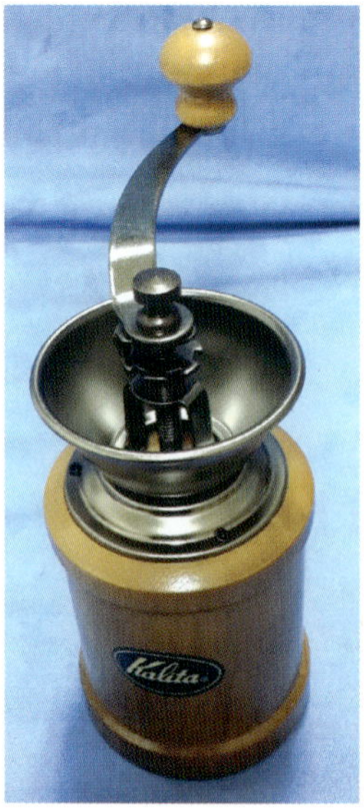

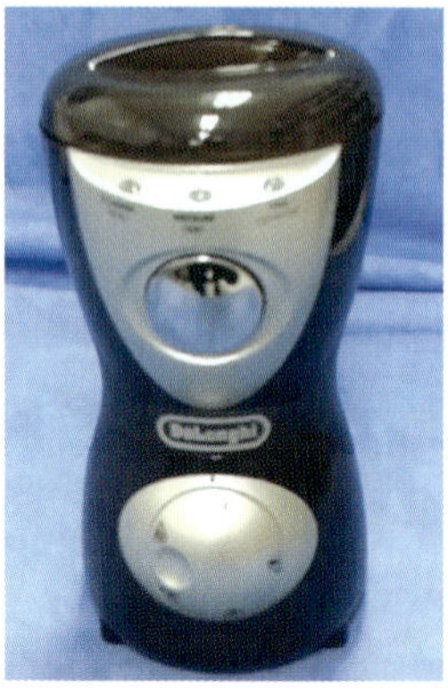

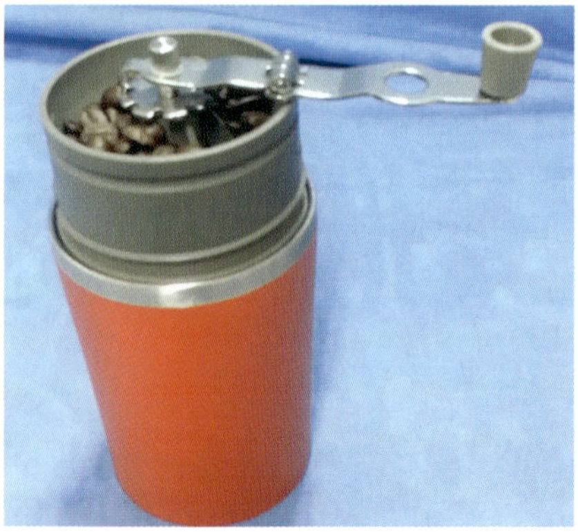

분쇄 시 발생하는 열은 커피의 맛과 향을 변질시키므로 열의 발생을 최소화해주어야 하며, 입도가 고르지 못하면 커피 입자마다 물과 접촉하는 면적의 차이로 용해 속도가 달라지고 이로 인해 커피 맛이 떨어지게 된다. 가장 중요한 것은 분쇄된 커피는 원두상태보다 산패가 훨씬 빨리 진행되므로 추출하기 직전에 원두를 분쇄하는 것이 좋다.

(2) 물

물은 커피의 맛과 향기를 결정하는 매우 중요한 요인이다. 물은 되도록 신선해야 하며, 물은 100℃까지 끓인 후 추출하기 적당한 온도까지 식힌 다음에 추출해야 한다. 한번 끓인 물을 다시 끓이게 되면 커피 맛이 떨어지게 되며, 이산화탄소가 약간 남아 있는 50~100ppm의 무기물질이 함유된 물(연수-약경수)이 적합하다.

[표 18] 물의 종류

종류		탄산칼슘 함유량(ppm)	맛
연수		0~75	신맛과 마일드한 맛
경수	약경수	75~150	볼륨감과 쓴맛
	경수	150~300	
	고경수	300 이상	

추출 시 물의 온도에 따라 커피의 맛이 달라지므로 수질 못지않게 중요한 것이 바로 추출할 때의 물의 온도이다. 일반적으로 90~95℃의 온도가 적당한데 추출 시 물의 온도가 낮게 되면 커피 성분이 적게 용해되므로

맛과 바디가 약해지며, 반대로 온도가 높게 되면 커피 성분이 많이 추출되어 쓴맛과 떫은맛이 강해진다.

또한 커피의 배전 정도에 따라 그에 맞는 적당한 온도로 추출해야 하는데 일반적으로 약배전된 원두는 조직이 단단하므로 커피 성분을 뽑아내기 위해서는 추출 온도가 높아야 하며, 강배전의 경우 물의 온도가 상대적으로 낮아야 한다.

[표 19] Water for Brewing Specialty Coffee(SCAA Standard)

Characteristic	Target	Acceptable Range
Oder(냄새)*	Clean / Fresh, Order free	
Color(색깔)**	Clear color	
Total Chlorine(염소)	0mg/L	
TDS***	150mg/L	75~250mg/L
Calcium Hardness(칼슘 경도)	4grains or 68mg/L	1~5grains or 17mg/L~85mg/L
Total Alkalinity(알카리도)	40mg/L	At or near 40mg/L
pH(산성도)	7.0	6.5~7.5
Sodium(나트륨)	10mg/L	At or near 10mg/L

* Oder is based on sensory olfactory determination
** Color is based on sensory visual determination
*** TDS measured based on a 4-4-2 conversion
〈자료〉 http://scaa.org/?page=resources&d=water-standard

(3) 커피 추출 시간

커피 추출 시 최초의 2분 동안 추출 수율의 약 20% 정도가 추출되며, 이는 가용성분의 65~75%에 해당한다. 그 후 2분에서 5분 동안은 추출 성분에 큰 변화가 없으므로 추출 초기에 커피 성분을 충분히 뽑지 못하면 커피가 싱거워지며, 반대로 추출시간이 5분 이상 길어지면 쓴맛과 떫은맛이 나게 된다. 이런 쓴맛과 떫은맛은 추출 후반부에 보다 많이 추출되는 클로로겐산(chlorogenic acid)와 페놀화합물(phenolic compound)에 기인한다.

■맛있는 커피의 추출

분쇄, 물, 추출시간 이외에도 적절한 양의 커피, 커피 특성에 맞는 추출기구, 적당한 컵의 선택 등도 커피의 맛에 영향을 미친다.

- 달콤한 맛, 신맛 등은 잘 녹는 성분이므로 일찍 추출된다.
- 떫은 맛, 쓴맛 등 잘 녹지 않는 성분은 천천히 추출된다.
- 추출 초기에 좋은 맛과 향기 성분이 추출되고 시간이 오래되면 쓰고 떫은 커피 맛이 추출된다.

핸드 드립(Hand Drip)과 브루잉(Brewing)은 같은 의미이며, 일본의 영향을 받은 우리나라에서는 '핸드 드립' 이라는 표현을, 미국과 북유럽에서는 '브루잉' 이라는 표현을 주로 쓴다.

02 핸드 드립

핸드 드립은 커피를 분쇄하여 물로 여과시켜 추출하는 방식을 총칭한다. 페이퍼드립은 독일의 메리타 벤츠 여사에 의해서 최초로 고안되었으며, 일본에 전달되면서 일본인들이 다양한 형태의 드리퍼를 고안하여 커

■핸드 드립은 커피를 물로 여과시켜 추출하는 방식이다.

- 페이퍼 드립
- 융 드립

피를 추출하였고, 다양한 방식의 추출 방법이 생겨났다. 핸드 드립은 사람이 직접 손으로 커피에 물을 부어 추출하는 방식인데 커피를 내리는 사람마다 독특한 개성적인 손맛에 커피 맛이 좌우되기도 한다.

1) 핸드 드립 도구

핸드 드립을 하기 위해서는 아래와 같은 도구들이 필요하다. 스톱워치는 숙달될 때까지 추출시간을 지속적으로 체크하기 위해 필요하며 정확한 계량을 위해 전자저울도 구비하는 것이 좋다.

(1) 드립 포트

드립 포트(Drip Port)는 핸드 드립을 위한 전용 주전자로 일반 주전자와 달리 드립포트의 배출구는 S자 형태로 되어 있는데 이는 직선형 구조로 되어 있으면 유속이 너무 빨라지고, 배출구가 좁으면 물줄기가 가늘어져 물의 힘이 약해지므로 유의하여야 한다. 배출구를 정면에서 봤을 때 좌우의 균형이 정확한 것을 구입해야 하며, 손잡이가 편리한 것이 사용하기 좋다. 드립 포트는 직접 불에 올려놓으면 안 되며 사용 후에는 물을 버리고 뒤집어 보관하는 것이 좋다.

(2) 드리퍼

■핸드 드리퍼의 종류
- 칼리타
- 메리타
- 하리오
- 고노

드리퍼(Dripper)는 여과지(Filter Paper)를 올려놓고 분쇄된 커피를 담는 기구를 말하며 재질과 구조, 크기에 따라 다양한 종류가 있다. 같은 커피를 사용하여도 드리퍼의 형태에 따라 커피의 맛이 달라지므로 종류별로 그 특성을 이해하여야 커피의 원활한 추출을 할 수 있다.

드리퍼 내부에는 요철이 있는데 이를 리브(Rib)라고 한다. 이는 물을 부었을 때 공기가 빠져나가는 통로 역할과 물의 흐름에 관여한다. 드리퍼별로 리브의 높이와 수가 다르게 설계되어 있는데 리브의 수가 많고 그 높이가 높을수록 물의 통과가 잘된다. 또한 추출을 마친 후에 페이퍼 필터를 제거하기 쉽게 해준다.

■리브(Rib)의 역할
물을 부었을 때 공기를 빼주는 역할과 물의 흐름에 관여하고 사용한 페이퍼 필터의 용이한 제거에 있다.

❶ 재질에 따른 분류

플라스틱	도기	금속
• 취급이 용이, 가격이 저렴 • 보온성은 좋지 않음 • 지속적으로 사용 시 변형될 수 있음 • 세척 시 흠이 날 수 있음	• 무게가 있어 안정감이 좋고 보온성이 뛰어남 • 파손이 위험이 크다. • 추출하기 전에 예열해서 사용해야 함	• 고가인 반면 보온성은 좋지 않음 • 장식적인 효과가 좋음

❷ 형태에 따른 분류

드리퍼	형태	추출구	특징
메리타 (Melitta)	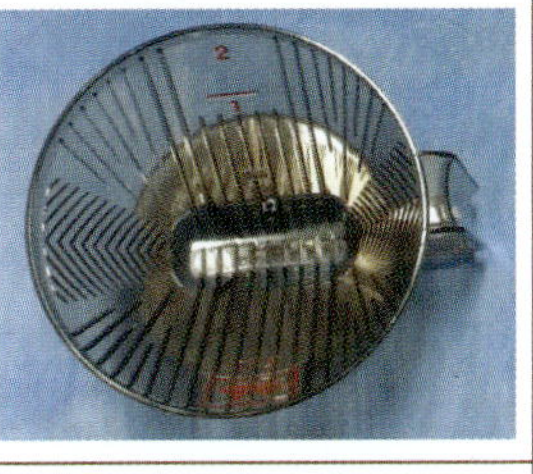	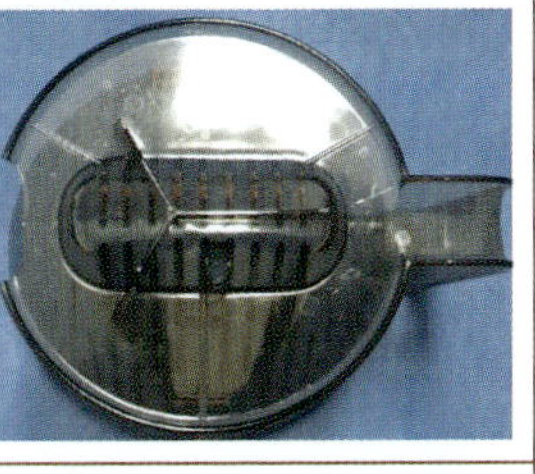	추출구가 한 개이며, 전체 폭이 약간 크고 카리타에 비해 경사가 가파르다.
카리타 (Kallita)	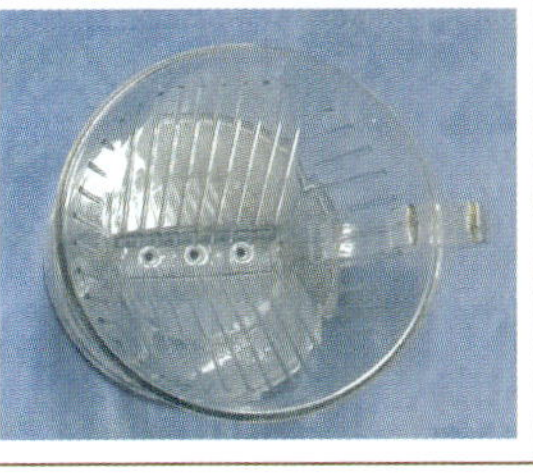	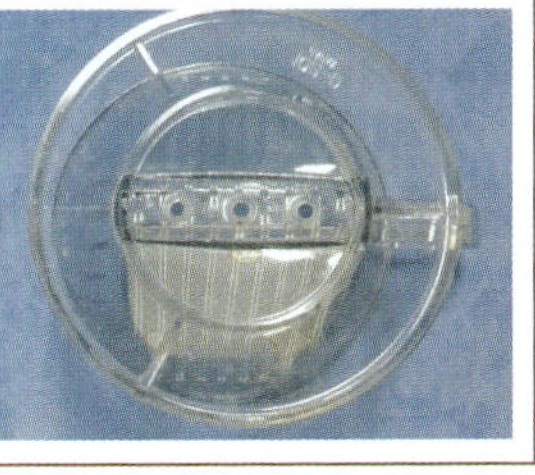	추출구가 세 개이며 리브가 촘촘하게 설계되어 있다.

드리퍼	형태	추출구	특징
고노 (Kono)	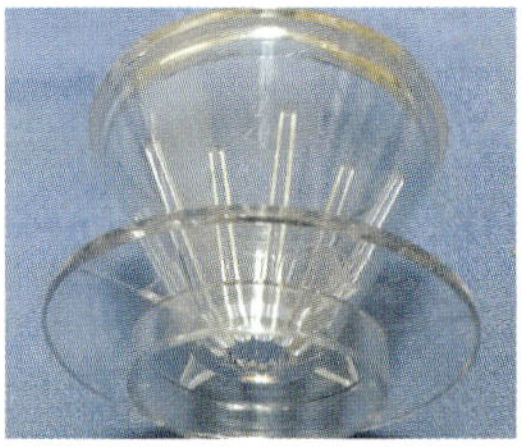	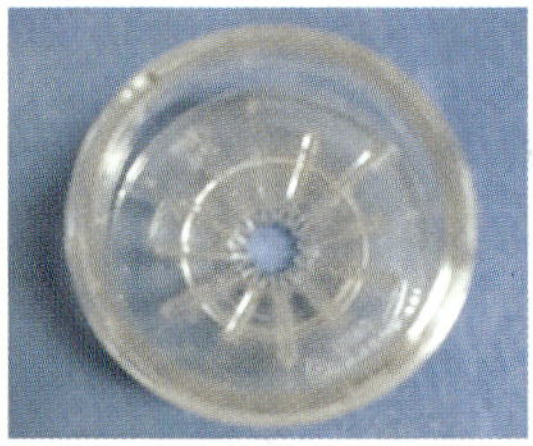	추출구가 한 개로 원추형이며 리브의 수가 적고 길이도 짧다.
하리오 (Hario)		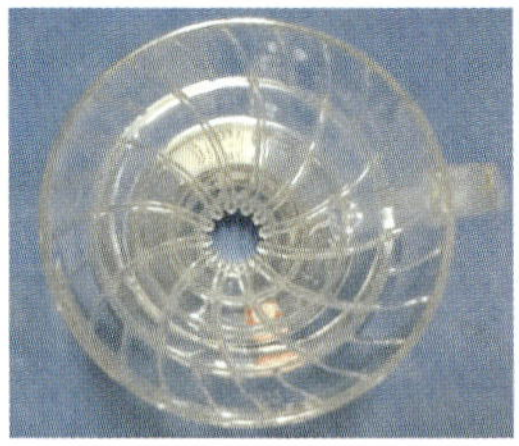	고노와 유사한 형태이나 리브가 나선형으로 드리퍼 끝까지 있다.

■ 여과지

- Filter Paper
- Flannel

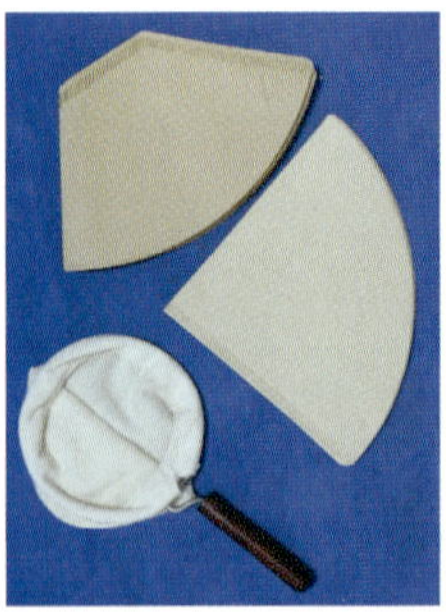

(3) 여과지

여과지는 천연 펄프와 표백 여과지가 있으며, 표백 여과지는 천연펄프 여과지에 비해 맛이 재현성이 우수하다. 페이퍼 드립은 페이퍼가 커피의 지방 성분을 흡수하게 되어 깔끔한 느낌의 커피가 추출되고, 융 드립은 커피 오일이 추출되어 커피가 진하고 바디감이 있으면서 부드러운 맛이 난다.

초기에는 융드립에 의한 추출이었으나 추출에 사용한 융을 삶아서 곰팡이나 세균의 증식을 막아야 하기 때문에 관리가 힘들었다. 반면에 여과지는 일회용이므로 융 드립에 비해 사용이 간편하다.

(5) 서버(Server)

드리퍼 밑에 놓고 추출한 커피를 받아내는 용도로 쓰이며, 추출되는 양을 측정할 수 있다. 플라스틱, 유리 등의 재질이 있으며 1~2인용부터 12인용까지 다양하다.

(6) 온도계와 스톱워치

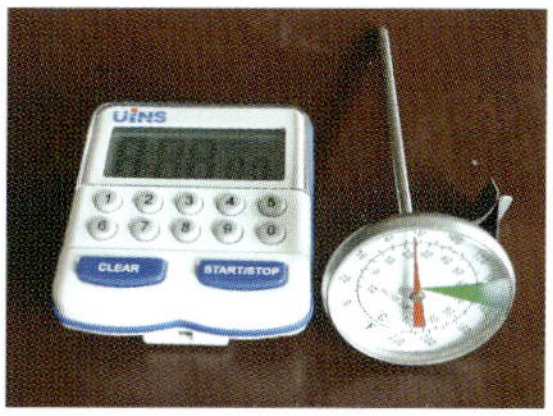

핸드 드립 시 물의 온도는 중요한 요소인데 같은 원두를 사용하더라도 물이 온도가 낮으면 신맛, 떫은맛이 강해지며 온도가 높으면 쓴맛, 날카로운 맛이 강해진다. 추출 전의 물의 온도와 추출 직후의 커피 액의 온도는 15~20℃ 차이가 나므로 추출 온도를 잘 결정해야 한다.

물의 온도와 함께 추출 시간도 맛에 많은 영향을 주는 요소로서 일반적으로 1~2인분을 추출할 경우 3분 이내의 시간이 바람직하다. 추출시간은 커피의 맛과 농도에 중요한 영향을 주는데 짧으면 커피는 균형감을 잃고 추출시간이 길면 쓴맛, 떫은맛을 내게 된다.

(7) 분쇄기(Grinder)

(8) 계량스푼

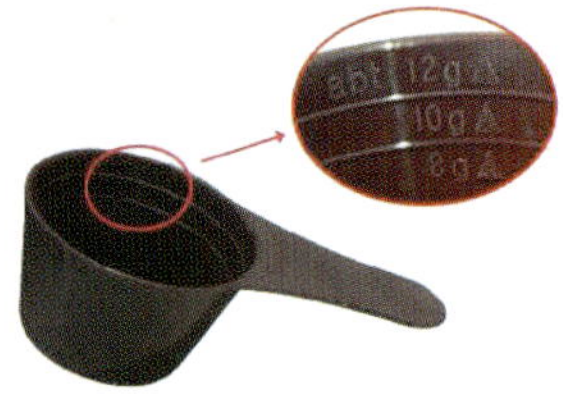

(9) 컵

커피를 마실 때 컵이 혀에 닿았을 때 맛을 느끼는 부위가 다르기 때문에 적당한 컵의 선택이 필요하다. 쓴맛이 강한 커피는 두께가 두껍고 일직선 타입의 컵이 좋으며, 마일드한 커피는 두께는 얇으며 테두리가 넓은 컵에 마시는 것이 더욱 좋은 커피의 맛을 느낄 수 있다.

2) 핸드 드립의 준비 과정

핸드 드립을 위한 기구들이 준비되면 물을 끓인 후 커피를 계량하여 분쇄를 한다. 컵을 미리 마시기 적당한 온도로 데워주고 포트의 물을 추출하기 적당한 온도로 내려갈 때까지 서버에 부어주길 반복한다.

■필터접기

하단접기 → 뒤집어 옆면 접기 → 하단 모서리 누르기(양쪽 1cm 정도 안쪽) → 접힌 부분 다듬기

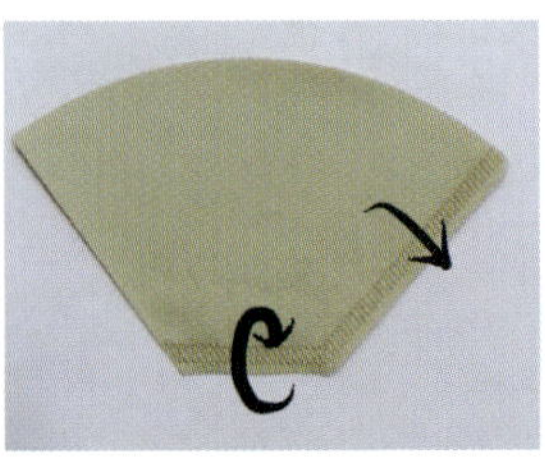

[표 20] 핸드 드립의 순서

순서	준비내용
1	페이퍼를 접은 후 드리퍼에 잘 밀착시킨다.(접힌 부분을 드리퍼 손잡이 쪽으로 잘 눌러서 밀착시킨다.
2	커피를 계량한 후 적정한 그라인딩을 한 후 드리퍼에 담는다.
3	분쇄된 커피를 드리퍼에 담은 후 표면이 평평하게 될 수 있도록 살짝 쳐준다.
4	컵에 미리 물을 부어주어 컵을 예열한다.
5	드립 포트에 온도계를 꽂은 후 주전자의 끓는 물을 부어 준다.
6	드립 포트의 뜨거운 물을 서버에 부어준 뒤 다시 드립 포트에 부어주길 반복하여 물의 온도를 추출하기 적당한 온도로 낮춘다.

3) 핸드 드립의 자세

- 드립 테이블의 높치는 70~80cm 정도가 적당하다.
- 한 손은 테이블을 잡아 몸의 흔들림을 방지한다.
- 다리는 한 발을 뒤로 약간 빼준다.
- 팔은 겨드랑이에 붙이되 손바닥 하나 들어갈 정도의 간격을 유지하여 어깨에 밀착하고, 한 쪽 어깨가 올라가지 않도록 주의한다.
- 팔에 힘을 빼고 드립포트의 엄지와 팔이 일직선이 되도록 한다.
- 흔들림을 적게 하기 위하여 손목이 아닌 팔 전체를 이용하여 스윙을 한다.

4) 핸드 드립의 물줄기

핸드 드립에서 물줄기의 컨트롤은 매우 중요하다. 물줄기의 굵기를 가늘게, 때로는 굵게 의도하는 대로 물을 부을 수 있어야 하는데 회전할 때 물줄기가 출렁거리지 않고 흔들림이 없어야 원활한 추출을 할 수 있다.

• 물줄기의 굵기는 처음에는 가늘게, 뒤로 갈수록 굵게 주입한다.

• 수압과 물줄기의 굵기를 적절히 컨트롤 할 수 있어야 한다.

• 물줄기는 커피 가루 면에 수직으로 주입될 수 있도록 부어야 한다.

• 물을 표면에 뿌리는 것이 아니라 커피에 찔러 주는 느낌으로 주입을 해야 추출이 원활하게 이루어진다.

• 드립 포트와 커피가루 사이의 간격은 되도록 가까운 것이 좋다.

5) 핸드 드립의 뜸들이기

■뜸들이기
커피의 수용성 성분을 잘 녹게 하여 추출이 원활하게 이루어질 수 있도록 하는 과정

커피 추출의 첫 단계는 뜸들이기(불림)이다. 뜸을 잘 들여야 커피 성분이 원활하게 뽑혀 맛있는 커피를 만들 수 있다. 커피에 물을 주입하면 커피 입자가 물을 흡수하게 되처 커피의 수용성 성분이 물에 녹게 되어 추출이 원활하게 이루어진다.

만일 뜸들이는 과정 없이 바로 추출을 하게 되면 수용성 성분이 물에 용해될 시간이 없어 싱거운 커피가 추출될 수밖에 없게 된다. 또한 커피에 함유되어 있는 탄산가스와 공기를 빼주는 역할을 해준다, 뜸이 제대로 들어 잘 부풀어 올라 활성화가 되어야 커피가 가지고 있는 맛과 향을 표현할 수 있다.

뜸을 들일 때 물의 주입량은 커피를 충분히 적셔주는 것이 목적이므로 주입 후 드리퍼에서 추출액이 커피 방울이 똑똑 떨어질 정도로 붓는다. 뜸들이에 사용되는 물의 최초 투입량은 총량의 10% 정도가 적당하다.

(1) 뜸들이는 방법

뜸을 주는 방법은 여러 가지가 있으나 일반적으로 나선형 방법이 가장 널리 이용되는 방법이다. 나선형은 중앙에서 시작하여 점차 외곽으로 나아가면서 원을 그리며 물을 주입한다. 이때 물은 가늘고 촘촘히 빠짐없이 주어야 한다. 물을 주입할 때 페이퍼에 닿지 않도록 주의한다. 물을 부은 후에는 커피가루가 충분히 팽창하기를 기다린다.

■뜸들일 때 주의점

뜸을 들이기 위해 물을 부을 때는 커피가루 위에 '물을 얹는다'는 느낌으로 조용히 천천히 따라주는 것이 좋다.

■핸드 드립의 추출방법

- 나선형 추출
- 스프링식 추출
- 원형 추출

6) 핸드 드립 추출 방법

(1) 나선형 추출

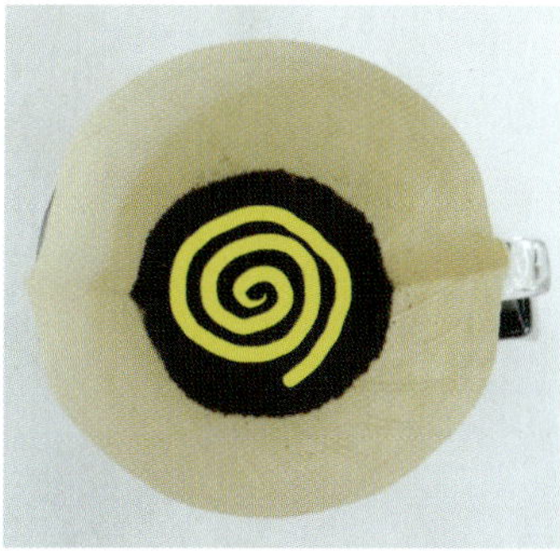

카리타나 메리타 추출 시 널리 쓰이는 방법으로 중앙에서 시작하여 외곽으로 나갔다가 다시 중앙으로 원을 그리며 물을 주입하는 방법이다. 커피 추출이 신속하게 이루어지며 부드러운 맛을 표현하는데 알맞은 방법이다. 이 때 드리퍼의 중앙 부분은 커피의 양이 외곽에 비해 상대적으로 많으므로 천천히 주입하고 외곽은 조금 빨리 주입해 주어야 한다.

(2) 스프링식 추출

하리오 또는 융 추출 시 쓰이는 방법으로 나선형보다 작은 원을 그리며 물을 주입하는 방법으로 1차 추출 시 대략 작은 원의 수가 10~12회 정도이며 점차 그 원이 커지면서 횟수가 줄어들게 된다. 주입하는 원이 작아 스윙 시에 잘못하면 물줄기가 끊기거나 출렁이게 되므로 보다 세심한 추출기술을 필요로 한다.

(3) 원형 추출

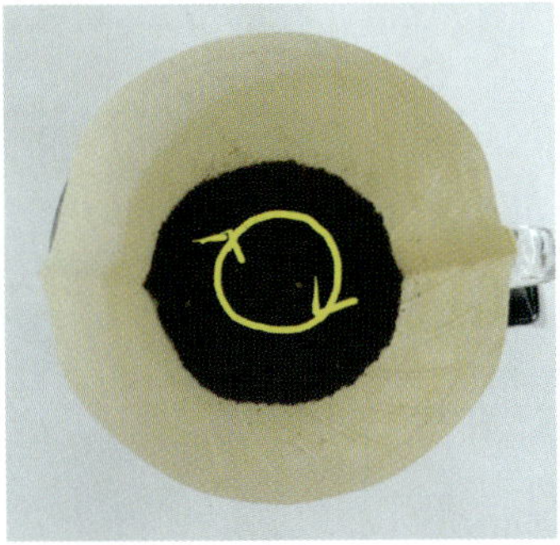

스프링식 추출은 진하게 추출할 수 있으나 잘못하면 날카롭거나 자극적인 맛이 추출되는 단점이 있다. 원형 추출은 작은 원을 계속해서 물을 주입하여 추출하는 방법으로 깔끔한 맛을 표현 할 수 있는 장점이 있다. 물줄기와 스윙 템포를 지속적으로 일정하게 유지해 주는 것이 포인트이며, 1회당 5~6회 정도 회전하면서 물을 주입해 준다.

7) 추출 시 유의사항

- 물을 부어줄 때 주전자 입구의 높이는 가능한 낮게 하여 물이 떨어지는 충격을 방지해야 한다.
- 지나치게 외곽으로 물을 주입할 경우 잡맛이 나올 가능성이 크다.
- 페이퍼에 물이 직접 닿지 않도록 해야 한다.
- 추출 시 스윙은 상하가 아니라 좌우로 한다.
- 추출이 한 쪽으로 치우치거나 중심부에만 치중되지 않고 되도록 면적이 넓게 추출해야 한다.
- 뜸을 준 후 커피가 부풀어 오르다가 멈출 때 추출을 시작한다.

8) 다양한 핸드 드립

1908년 독일의 멜리타 벤츠 여사에 의해 드리퍼가 발명되었을 때는 양철 포트 바닥에 구멍을 내고 그 위에 종이를 한 장 뜯어 올려 원두를 갈아 넣은 후 커피를 추출하는 획기적인 아이디어를 생각해냈는데 이것이

메리타의 효시이며, 그 이후 1937년 아들 홀스트 벤츠에 의해 현재 드리퍼의 형태가 개발되었다.

당시에는 융에 의한 추출을 하였으나 세계2차 대전 이후 일본에서 융(Nel)드립은 '너무 진하다'는 반응을 보였는데 비슷한 시기에 칼리타가 등장하였다. 칼리타는 메리타와 다르게 3개의 추출구가 있고 리브의 개수도 더 많고 윗지름과 아래 지름의 차이가 더 커서 물의 추출 속도가 빠르다. 이는 곧 커피 가루와 물의 접촉 시간이 짧아져 커피 수용성분을 덜 추출하게 되어 맛의 변화 폭이 적고 안정적인 맛과 부드러운 맛을 표현할 수 있다.

메리타는 드립의 효시이다.

일본의 고노 아키라는 큐슈 제국대학 의학부 졸업 후 싱가포르에서 근무하게 되었는데 이때 커피 마니아가 됐다고 한다. 싱가포르에서 접했던 진공식 커피 추출 기구를 유리 실험기구를 응용해 변형했는데 이것이 바로 고노식 커피, 즉 사이폰이며, 1970년 지금의 고노(Kono) 드리퍼 원형을 만들었다. 하리오(Hario)는 강도와 내열성, 빼어난 디자인으로 아시아 최고의 유리 제조사로서 다양한 커피 추출 기구들을 유리로 생산한다.

하리오 드리퍼는 기존의 고노 드리퍼를 개량한 것으로 리브가 고노 드리퍼에 비해 나선형으로 더 많이 설계되어 있으며 추출구의 크기도 더 커졌다. 물 빠짐도 고노 드리퍼에 비해 원활하여 날카로운 맛을 완화해 줄 수 있어 최근에 많이 사용하고 있다. 원추형의 형태로 약배전보다는 강배전 커피 추출에 적합하다.

(1) 메리타 추출

■Melitta

추출구가 한 개로 물 줄기를 멈추지 않고 단 한번으로 원하는 양이 될 때까지 추출한다.

독일 메리타 벤츠 부인이 발명하여 페이퍼 드립의 시초가 되었으며, 추출구가 한 개로 물이 드리퍼 안에 머무는 시간을 늘려주게 되어 감칠맛을 느낄 수 있다. 그러나 물과의 접촉시간이 길어 잡미가 추출될 가능성이 높아 대량 추출에는 적합하지 않다.

추출방법은 카리타 추출과 유사하나 추출을 나누어 하지 않고 단 한번으로 원하는 양이 될 때까지 멈추지 않고 해 준다.

[표 21] 메리타의 추출방법

구분	형태	내용
뜸들이기		커피의 중심부에서부터 나선형으로 회전하여 물을 부어주어 커피가루에 물이 골고루 스며들게 한다.
추출		나선형으로 물을 나누어 붓지 않고 계속해서 물을 부어준다. 추출 시 주입하는 물의 양과 추출되는 커피의 양이 균형을 이루도록 해야 한다.
종료		원하는 추출 양이 다 추출되기 전에 물 주입을 중단하고 드리퍼에서 원하는 양의 커피가 추출되면 드리퍼를 분리한다.

(2) 칼리타 추출

칼리타는 반침지식, 반여과식 드리퍼이다. 침지식의 묵직한 쓴맛과 여과식의 부드러운 맛을 조화롭게 느낄 수 있으며, 커피의 향미를 풍부하고 일정하게 끌어내며, 추출속도를 적당하게 유지해준다. 칼리타는 물줄기를 가늘게 부으면 쓴 맛이 배가 되어 커피 맛의 밸런스가 깨질 수 있으므로 물줄기를 약간 굵게 조절하는 것이 좋다.

■Kalita
일본 칼리타 사의 드리퍼로서 전체적으로 과소추출의 위험이 적고 일정한 맛을 낼 수 있다.

[표 22] 칼리타의 추출방법

순서	추출방법
1 뜸들이기	• 중심부에서 외곽쪽으로 나선형으로 회전하며 물을 가늘고 촘촘하게 빠짐없이 고루 주입하여 뜸을 들임(약 30초 정도) • 물을 주입할 때는 페이퍼에 직접 닿지 않아야 한다. • 커피가루를 충분히 팽창시키고, 커피액이 전혀 떨어지지 않아야 한다.
2 1차드립	• 빨리, 가늘게 추출, 전체 추출량의 10% 추출 • 부풀어 오르는 것이 끝나면 팽창이 멈춘 시점에서 중심부에서 시작하여 외곽으로 추출한다. • 중앙부는 천천히, 외곽은 빨리 통과시킨다.
3 2차드립	• 빨리, 가늘게 추출, 전체 추출량의 10% 추출 • 드리퍼에서 떨어지는 물줄기가 방울로 변하고 커피가루의 중앙이 내려가기 시작하면 2차추출을 시작 • 물의 주입 양을 1차보다 늘려주며 스윙도 빨리 해준다.
4 3차드립	• 천천히, 굵게 추출, 전체 추출량의 50% 추출 • 물줄기를 점차 굵게 하며, 속도도 빨리 해준다.
5 4차드립	• 중앙에서 3회전 천천히, 굵게 추출, 전체 추출량의 30% 추출 • 추출시간이 너무 기렁져 좋지 않은 맛이 나지 않도록 유의하며 추출 • 중앙부는 천천히, 외곽은 빨리 통과시킨다.
6 종료	• 원하는 추출량이 되면 빨리 드리퍼를 제거해 준다.

※ 1차, 2차, 3차 드립은 드리퍼 중심에서 바깥쪽으로, 다시 중심순으로 나선형을 그리며 물을 주입한다.

■하리오 정드립

뜸들이기 후 물 250ml를 세 번에 약 20초 간격으로 걸쳐 원을 그려가며 물을 붓는다.

(3) 하리오 추출

하리오의 대표 모델인 V60은 60° 로 된 경사를 비롯해 커피성분을 아래로 끌어내리는 데 효과적인 원뿔모양의 본체와 큰 추출구 덕분에 깔끔하고 향미가 풍부하다. 하리오를 정드립을 하면 부드러운 맛은 줄어들 수 있으나 바디와 쓴맛이 상승하면서 밸런스가 좋아진다. 물줄기는 중심부에서는 안에서 바깥쪽으로 가늘게 천천히 돌리고, 바깥쪽은 물줄기를 굵게 해서 안에서 밖으로 빨리 돌린다.

(4) 새로운 추출 도구

❶ 클레버(Clever)

일반적인 핸드 드립 드리퍼와 프렌치프레스의 장점만을 모아 만들어 미분이 적으며 맛도 텁텁하지 않고 깔끔하다. 또한 우리는 과정을 거치기 때문에 커피의 깊고 진한 풍미가 잘 살아난다.

❷ 킨토 파로 드리퍼(Kinto Paro Dripper)

드리퍼와 서버가 일체형으로 구성되어 있어 추출한 다음 바로 마실 수 있도록 되어 있다.

❸ 에어로 프레스(Aeropress)

공기압을 활용하는 독특한 방식의 커피추출도구로 커피가루를 물에 한번 완전히 담가 향미 성분을 끌어낸 다음 필터로 걸러서 추출한다. 미분 없이 깔끔하고 부드러운 맛을 낼 수 있으며, 추출시간이 짧아 카페인이 적게 추출되고 쓴맛도 약한 편이다.

❹ 프레일링 커피 포 원(Frieling coffe for one)

금속으로 만든 필터가 내장된 드리퍼로 휴대가 간편하여 커피를 마시고 싶을 때 사용이 가능하다.

03 사이폰 추출

사이폰(Siphon)은 배큠 브루어(Vacumm Brewer)라고도 하는데 물을 끓일 때 발생하는 수증기의 움직임을 이용하여 커피를 추출하는 '진공 여과식 추출' 도구이다. 19세기 유럽에서 처음 개발되었으나 별로 인기가 없었고, 1925년 일본의 고노사에서 '사이폰'이라는 이름으로 상품화하면서 널리 알려지게 되었다.

1) 사이폰의 구조

■**사이폰 커피 추출**

1840년경 스코틀랜드의 네이피어(Robert Napier)가 사이폰의 원형인 진공식 추출 기구를 개발

사이폰의 구조는 다음과 같다.

- 뚜껑 : 추출 중에 로드에 이물질이 들어가지 않도록 방지하고 열기를 보존하는 역할을 한다. 추출이 끝난 후에는 뒤집어서 로드를 올려놓는다.
- 로드 : 커피가루와 물이 섞이면서 추출이 일어나는 부분으로 아래쪽 진공관을 통해서 물과 커피가 오르내린다.
- 필터 : 필터 본체, 필터, 스프링으로 구성되어있으며 체인은 플라스크에 담았을 때 그 움직임을 보면 물이 얼마나 끓었는지 확인할 수 있다.
- 플라스크 : 추출 전에는 물을 끓이고, 추출 후에는 커피가 담겨진다.
- 램프 : 물의 가열기구로 알코올램프와 할로겐 빔히터 등이 있다.
- 스탠드 : 플라스크와 로드를 지지하며, 추출이 끝난 후 커피를 따르는 손잡이가 된다.

2) 사이폰 추출

사이폰은 스틱을 사용하는 테크닉에 따라 맛의 변화를 줄 수 있다. 분쇄는 페이퍼 드립보다 조금 가늘게 해 주어야 추출이 잘 되며, 전체 추출시간은 되도록 1분 이내에 완료해야 한다. 사이폰 추출 시 향이 좋고, 연출효과가 뛰어 나며 산뜻하고 깨끗한 맛의 표현이 가능하다.

사이폰의 추출 순서는 다음과 같다.

❶ 로드에 필터를 넣는다.

❷ 필터에 달려있는 체인을 당긴 다음 클립을 로드 끝에 끼운다.

❸ 플라스크에 뜨거운 물을 채운다.

❹ 로드를 플라스크에 비스듬하게 걸친다.

❺ 분쇄한 커피를 로드에 담는다.

❻ 알코올램프에 불을 붙인 후 플라스크 아래에 놓는다.

❼ 물이 끓기 시작하면 로드를 똑바로 세워 물이 올라가도록 한다.

❽ 물이 다 올라오면 스틱으로 3~4번 정도 빠르게 저어 커피를 섞어 준다.

❾ 약 20~30초 후 램프를 끈다.

❿ 스틱을 이용해 5~6번 정도 천천히 섞는다.

⓫ 로드의 커피가 전부 플라스크로 내려올 때까지 기다린다.

⓬ 로드와 플라스크를 분리한다.

사이폰 추출은 다양한 볼거리를 제공하지만 커피의 맛은 그리 뛰어나지 않으며, 커피의 신선도에 따른 맛의 차이도 별로 크지 않다.

[사이폰 추출 과정]

4
5
6
7
8
9
10
11
12

04 모카포트

모카포트(Mocapot)는 1933년 이탈리아의 알폰소 비알레띠(Alfonso Bialetti)에 의해 탄생했으며, 가정에서 손쉽게 에스프레소를 즐길 수 있는 추출기구이다. 본체를 불에 직접 가열해 내부에 증기압이 생기면 이를 통해 에스프레소를 빠르게 추출하는 원리로서 직화식 스토브 탑(Stove Top)이라고도 한다.

■모카포트
증기압을 이용하여 가정에서 손쉽게 에스프레소 커피를 즐길 수 있는 추출 도구

[다양한 모카포트]

1) 모카포트의 구조

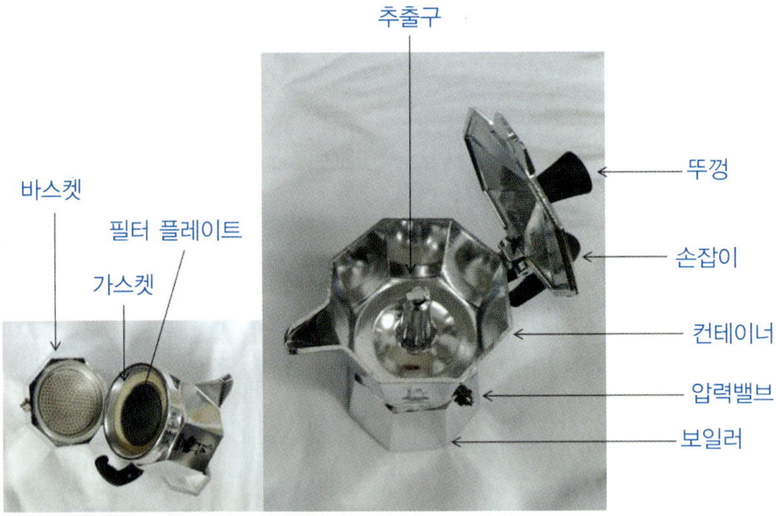

모카포트의 구조는 다음과 같다.

- 뚜껑
- 손잡이
- 컨테이너 : 모카포트의 상단 부분으로 추출된 커피가 담기는 곳
- 추출구 : 추출된 커피가 밖으로 나오는 부분
- 압력 벨브 : 보일러 내 압력이 적정 수준을 넘어서지 않도록 제한하는 장치
- 보일러 : 모카포트의 하단 부분으로 물을 담는 곳
- 필터 플레이트 : 컨테이너 바닥에 있는 필터로 커피가루를 거르는 역할을 한다.
- 가스켓 : 필터 플레이트의 가장자리를 둘러싸고 있는 고무패킹으로 모카포트가 내부에 높은 압력을 유지할 수 있도록 도와준다.
- 바스켓 : 커피가루를 담는 곳

2) 모카포트 추출

모카포트는 가정에서 손쉽게 에스프레소를 즐길 수 있는 추출기구로서 재질은 주로 알루미늄인데 그 외에도 스테인리스, 도기 재질도 있으며, 불에 직접 올려놓고 가열하여 증기압을 이용하여 추출한다.

모카포트의 추출 순서는 다음과 같다.

❶ 하단 포트에 압력 밸브보다 낮게 물을 붓는다.

❷ 바스켓에 분쇄된 커피를 담은 후 계량스푼을 이용하여 살짝 눌러준다.

❸ 상하 포트를 단단히 결합해 준다.

❹ 중불을 사용하여 3~5분 정도 끓여준다.

❺ 치익하는 소리와 함께 커피가 올라오기 시작하면 뚜껑을 덮고 불을 꺼준다.

❻ 추출이 끝날 때까지 잠시 기다린 후 커피를 따른다.

[모카포트의 추출 과정]

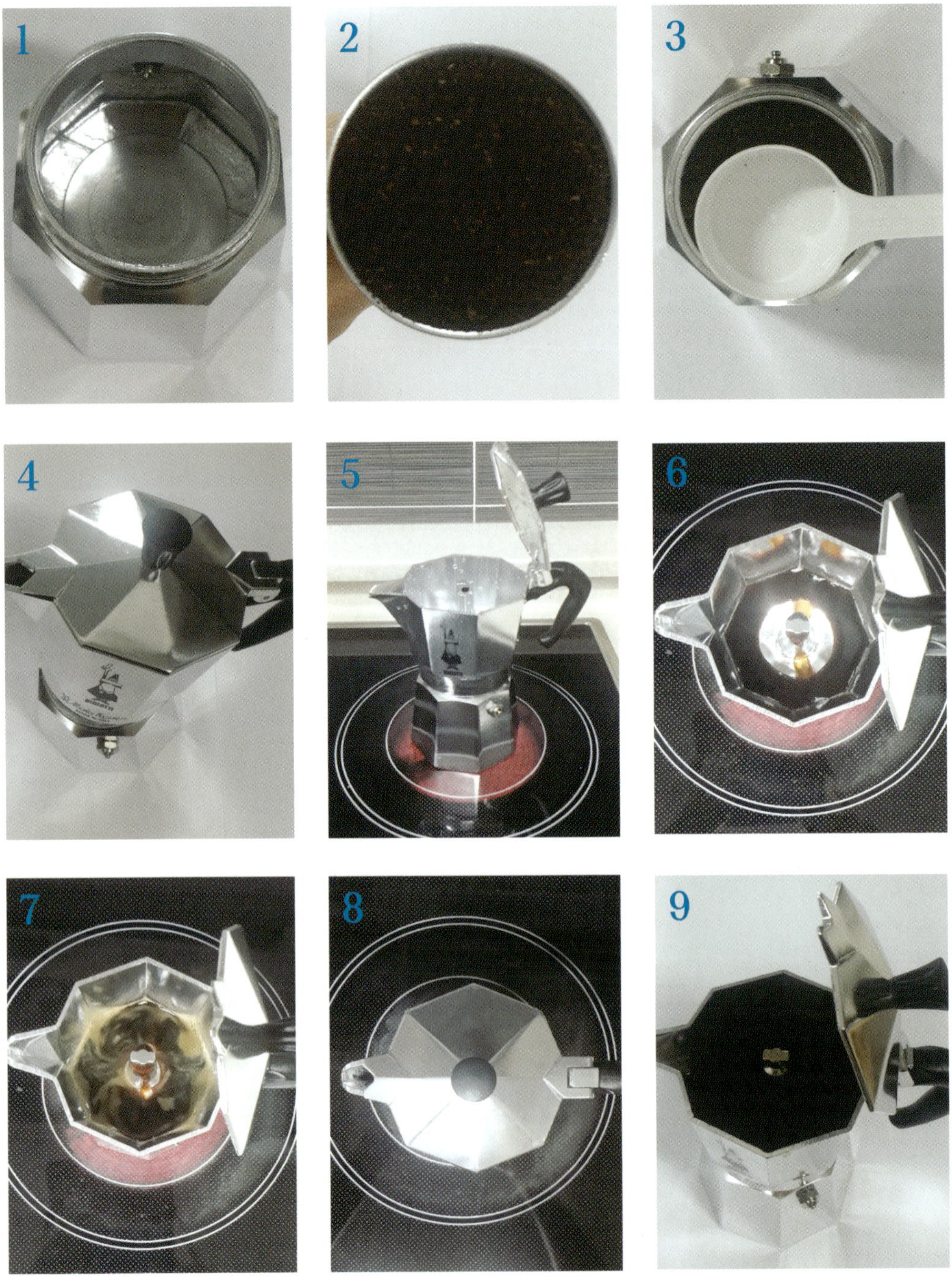

05 기타 추출 기구

1) 프렌치프레스(French Press)

프렌치프레스는 1930년대 이탈리아에서 처음 등장하였으며, 당시에는 프레스 포트, 플린저 포트 등의 이름으로 불렸다. 프랑스 메리오르사에서 내놓은 제품이 큰 인기를 끌면서 프렌치프레스라는 이름이 알려지기 시작했다.

프렌치프레스는 물에 커피가루를 우려서 추출하는 침출식으로 미분을 완벽히 걸러내지는 못하나 순수한 커피 맛을 그대로 느낄 수 있으며, 별도의 소품이나 특별한 추출기술을 요하지 않아 손쉽게 다룰 수 있어 오늘날 많은 사람들이 애용한다. 티를 우릴 때도 이용이 가능하다.

❶ 뜨거운 물로 비커를 헹군다.
❷ 헹구고 난 물을 버린다.
❸ 원두 15~20g을 굵게 분쇄하여 비커에 담는다.
❹ 200cc 정도의 물을 골고루 붓고 스틱을 이용해 10회 정도 휘저어 준다.
❺ 뚜껑을 덮고 1분 30초 정도 기다린다.
❻ 플린저를 절반만 내리고 1분 30초 정도 기다린다.
❼ 플린저를 끝까지 내리고 1분을 기다린다.
❽ 천천히 잔에 커피를 따른다. 끝까지 따르지 않도록 주의한다.

2) 워터 드립(Water Drip)

더치커피는 1초당 한 방울 씩 떨어지도록 조절하고 추출 중간 중간 시간 체크를 하는 것이 좋다.

워터 드립은 더치 커피(Duch Coffee), 콜드 브루(Cold Brew)라고 부르는데 네덜란드 상인들이 인도네시아에서 커피를 운반해 가는 과정에서 오랫동안 커피를 마실 수 있는 방법으로 고안했다고 한다.

상온의 생수를 한방울씩 떨어뜨려 커피를 추출하는 방식으로 카페인이 적으며, 추출 후 숙성과정을 거치면 강하면서도 부드럽고, 와인의 숙성된 맛을 느낄 수 있다.

❶ 필터를 여과기 아래쪽에 세팅하고 곱게 분쇄된 커피를 담는다.

❷ 코크를 잠그고 상부의 수조에 찬 물을 붓는다.

❸ 여과기의 커피위에 종이 필터를 올려놓고 물이 커피가루에 균일하게 베어들게 한다.

❹ 코크를 조절하여 물방울이 일정하게 떨어지도록 한다.

❺ 커피 액이 떨어지기 시작하여 2시간에 한번 정도 코크를 조절해준다.

❻ 추출량에 따라 4~12시간 후 추출 완료한다.

❼ 추출된 커피는 밀봉 후 냉장고에 보관하여 숙성시킨다.

3) 터키식 커피(Turkish Coffee)

터키식 커피는 가장 오래된 방법으로 달임 방식의 커피로서 이브릭(Ibric) 또는 체즈베(Cezve)를 이용하여 분쇄한 커피를 용기에 넣어 물을 붓고 반복하여 끓이는 방식이다. 터키에서는 커피의 남은 모양을 보고 점을 치기도 한다고 한다.

1. 원두를 에스프레소용 커피보다 더 곱게 분쇄한다.
2. 1인분에 4~5g의 커피를 추출 기구에 담는다.
3. 80ml 정도의 물을 붓는다.
4. 기호에 따라 설탕을 함께 넣어 약한 불로 끓인다.
5. 거품과 함께 커피가 끓어오르면 불 위에서 내려 스틱으로 저어서 거품을 가라앉게 한 후 다시 불 위에 올려놓는다.
6. 위의 과정을 2~3회 반복한 후 커피찌꺼기를 가라앉힌 후 잔에 따른다.

Ⅵ 에스프레소

VI

에스프레소

01 에스프레소의 의의

커피가 유럽에 처음 소개된 곳은 17세기 초 이탈리아 베니스이며 그 후 유럽 전역에 걸쳐 커피를 즐기게 되었다. 에스프레소 방식이 개발되기 전 까지 사람들은 금속이나 천을 이용한 드립 방식의 필터 커피를 즐겼는데 추출시간이 너무 오래 걸린다는 단점이 있었다.

■ 에스프레소(Espresso)
빠르게 추출되는 커피로 기계 내의 고압력으로 물을 커피가루 사이로 통과시켜 추출하는 방식

이에 따라 단순히 중력을 이용하는 것이 아니라 다른 방식의 추출 방법이 필요하였는데 1840년대 스코틀랜드의 내피어(Robert Napirer)가 진공 추출기를 개발하게 되었으며 이것이 오늘날 사이폰(Syphon)의 원형이라고 할 수 있다.

그 후 증기압을 이용한 커피기계가 산타이스에 의해 개발되었으나 이 기계는 1시간에 2,000여 잔의 커피를 추출할 수 있었으나 너무 복잡하고 조작이 어려워 널리 보급되지 못하였다.

오늘날의 에스프레소 머신은 1901년 이탈리아 루이기 베제라(Luigi Bezzera)는 증기압을 이용하여 커피를 추출하는 에스프레소 머신의 특허를 출원하였다. 이 기계는 수직형의 원통 안데 담겨 있는 물을 가열하여 발생하는 1.5기압의 증기를 이용하여 보일러 내의 뜨거운 물을 밀어내어 커피를 추출하는 방식이었다.

또한 한 개 이상의 그룹을 통하여 커피가 바로 컵에 추출되는 방식을 채택하였는데 이는 오늘날에도 에스프레소 추출에 사용되는 방식이다. 그 후 파보니(Desiderio Pavoni)가 1903년 베제라의 특허를 획득하여 1905년 에스프레소 머신을 생산하게 된다.

에스프레소는 진한 이탈리아식 커피를 말하는데 (Espresso)의 영어식 표기인 '익스프레스(express)'는 '빠르다'라는 의미로 사용된다. 에스프레소는 높은 압력으로 짧은 순간에 커피를 추출하기 때문에 카페인의 양이 상대적으로 적고, 커피의 순수한 맛을 느낄 수 있다.

02 에스프레소의 정의

■ 에스프레소의 4요소

- Mix : 풍부한 맛을 내기 위한 커피 블렌딩
- Mill : 추출에 적정한 분쇄
- Machine : 정확한 세팅과 잘 관리된 에스프레소 머신
- Man : 숙련된 바리스타

에스프레소 전용 기계로 커피를 추출하게 되는데 압력은 9기압 정도, 온도는 90℃ 전후에서 30초 안에 30㎖의 커피를 뽑아낸다. 드립식 기계를 이용할 때보다 원두를 3배 정도 곱게 갈아야 한다. 에스프레소의 맛을 결정하는 요소는 원두의 굵기와 양, 압력, 떨어지는 속도 등이다. 드립식

커피는 자연적인 중력에 의해 커피를 추출하기 때문에 원두에서 물에 녹는 수용성 성분만 추출하지만 에스프레소는 약 10배의 힘을 가하므로 수용성 성분 외에 비수용성 성분도 같이 추출을 하므로 맛과 향이 더욱 강렬하다.

에스프레소 커피를 추출하면 크레마(crema)라는 옅은 갈색의 크림층이 생긴다. 이는 커피 원두에 포함된 오일이 증기에 노출되어 표면 위로 떠오른 것으로서 커피 향을 담고 있다. 따라서 크레마의 정도로 에스프레소가 잘 추출되었는지의 여부를 알 수 있다. 마실 때는 향을 먼저 맡고 크레마를 맛 본 다음 두 번에 나누어 마시거나 단번에 마시는 것이 좋다. 기호에 따라 레몬을 넣어 마시기도 한다.

■크레마(Crema)
신선한 커피에서 나오는 지방 성분, 당단백질 등 복합물질과 커피의 향 성분이 결합하여 생성된 미세한 거품으로 에스프레소의 향을 지속시켜주는 효과가 있다.
밝은 갈색이거나 붉은 기운이 도는 황금색이 좋다.(적절한 두께 3~4mm)

에스프레소는 데미타세(demitasse)라는 조그만 잔에 담아서 마셔야 제 맛을 느낄 수 있다.

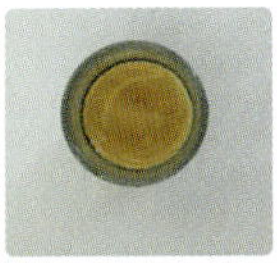

03 에스프레소 머신

■에스프레소 머신의 구성

- 보일러(Boiler)
- 그룹헤드(Group Head)
- 포터필터(Portafilter)
- 그라인더(Grinder)

커피머신(Coffee Machine)은 '에스프레소 커피의 꽃' 이다. 그것은 생산과 정제, 로스팅, 블렌딩 등 일련의 복잡하고 까다롭고 번거로운 과정을 거친 커피가 최종적으로 한 잔의 에스프레소 커피로 재탄생하는 과정의 정점에 위치한다. 커피머신은 지금까지 인간이 개발한 다양한 커피 추출 도구들 중에서도 가장 과학적이고 합리적이며 경제적인 대안으로 평가받고 있다.

바리스타는 기본적으로 에스프레소 커피의 특성을 알아야 하고, 그 추출 수단인 에스프레소 커피머신의 구조와 작동원리, 관리요령을 숙지하고 있어야 한다. 커피머신에 대한 기본적인 이해는 물론, 사용방법과 관리요령에 대한 깊은 이해와 숙련도가 요구된다. 좋은 커피머신으로 맛있는 에스프레소를 추출하는 것은 어려운 일이 아니다.

하지만 성능이 떨어지는 기계, 복잡하고 까다로운 기계를 가지고 좋은 에스프레소를 얻기란 쉬운 일이 아니다. 그러므로 까다로운 기계로 좋은 에스프레소를 추출할 수 커피기계의 종류와 그 특징, 커피기계의 구조, 관리방법을 숙지하고 있다면 어떤 기계로도 양질의 에스프레소를 얻을 수 있을 것이다.

1) 에스프레소 머신의 종류

커피머신은 성능이나 용량에 따라 자동과 반자동, 1그룹, 2그룹, 3그룹, 4그룹 등으로 구분된다. 추출방식과 원리의 차이에 따라 수동식, 반자동식, 자동식, 전자동식 등으로 구분하기도 하지만 일반적으로 수동식, 반자동식, 자동식 등 3가지로 나누어 보는 것이 일반적이다.

■ 에스프레소 머신의 종류
- 수동식
- 반자동
- 전자동

(1) 수동식 커피머신

전통적인 형태로 사람의 손에 의해 모든 동작이 이뤄지는 커피머신이다. 주로 개발초기에 많이 생산되었으며, 유럽을 중심으로 카페 등에서 각광을 받으며 활발하게 사용되었다.

레버의 지렛대 원리를 응용한 피스톤식 기계라고 할 수 있다. 아래쪽의 필터바스켓에 커피가루를 담은 상태에서 레버를 위로 당겨주면 용수철이 압축되면서 피스톤이 들어 올려지고 그 하부의 공간에 보일러의 뜨거운 물이 유입된다.

이때 지렛대와 용수철의 힘을 이용해 레버를 단번에 눌러 내리면 피스톤이 아래로 빠르게 내려가면서 유입된 뜨거운 물이 압축되고 그 압력에 의해 커피가 빠르게 추출된다.

수동식 에스프레소 머신은 지렛대의 원리를 응용했기 때문에 큰 힘을 들이지 않고도 적절한 압력에 의한 커피추출이 가능하다는 점에서 획기적인 발명으로 평가되었다. 또 그 편리성과 시각적이고 퍼포먼스적인 효과를 바탕으로 유럽의 고급 카페를 중심으로 각광을 받았다.

그러나 한꺼번에 많은 사람이 몰릴 경우 빠른 대응이 어려운데다 사람의 손과 힘에 의존하여 추출하기 때문에 일정한 커피 맛을 내기 어렵다는 한계를 지니고 있었다. 번번이 레버를 올리고 내리는 일도 쉽지만은 않은 일이었다.

이런 이유로 편리성과 스피드를 개선한 반자동 방식의 에스프레소 커피머신이 개발되면서 수동식 커피머신은 빠르게 퇴출되고 말았다. 아직도 일부 제품이 유통되고 있고, 유럽의 카페 중에는 이 수동식 커피머신을 고집하는 곳도 있다. 하지만 대다수는 장식품으로 쓰이고 있는 형편이다.

(2) 반자동 에스프레소 커피머신

그라인더와 머신이 분리되어 있는 방식으로 반자동 에스프레소 커피머신의 장점은 다음과 같다.

- 그라인더와 에스프레소 머신이 분리되어 있어서 원두커피에 열이 가해지지 않는다. 이에 따라 맛의 변화가 적은 양질의 에스프레소 커피 추출에 유리하다.
- 전문 바리스타용 커피머신으로 다양한 에스프레소 메뉴커피를 만들기가 용이하다.

- 바리스타의 능력에 따라 다양한 에스프레소 커피를 추구할 수 있다.
- 기계적인 메커니즘이 비교적 단순하기 때문에 잔고장이 적다.
- 관리하기가 용이하다.
- 기계 구입비용이 전자동 커피머신에 비해 적다.

반자동 에스프레소 커피머신의 단점은 다음과 같다.

- 장비에 대한 이해와 다루는 기술이 필요하다.
- 뽑는 사람에 따라 맛의 차이가 있을 수 있다.
- 설치공간이 넓고, 전문성이 요구된다.

(3) 전자동 에스프레소 커피머신

그라인더가 머신 내부에 장착되어 있기 때문에 한번의 작동으로 분쇄와 추출이 동시에 이루어지는 커피머신이다. 크기와 종류가 다양하며, 프로그래밍에 의해 누가 작동해도 일정한 커피맛을 내주는 제품이라는 것이 강점이다.

최근에는 터치식 컨트롤 패널을 적용한 첨단 커피머신도 유통되고 있다. 초기에는 주로 에스프레소 전용 제품으로 개발되었으나, 요즈음에는 카페라테, 카푸치노 등 기본메뉴를 자동으로 추출해주는 제품도 속속 출시되고 있다.

전자동 에스프레소 커피머신의 장점은 다음과 같다.

- 커피를 추출하기가 쉽고 간편하다.
- 블랙커피 추출에 특히 유리하다.

전자동 에스프레소 커피 머신은 크기와 종류가 다양하나 프로그램에 의하여 조절되므로 일정한 커피 맛을 낼 수 있다.

- 여러 사람이 각자 추출해도 비슷한 맛의 커피추출이 가능하다.
- 작은 공간에도 설치가 가능하며, 설치방법도 비교적 간편하다.

전자동 에스프레소 커피머신의 단점은 다음과 같다.

- 원두를 내부의 호퍼에 담기 때문에 커피 소모량이 적을 경우 맛의 변화가 생기기 쉽다.
- 디지털 기술을 적용, 잔고장이 많은 편이다.
- 반자동 커피머신에 비해 상대적으로 비싸기 때문에 초기 구입비가 상대적으로 높은 편이다.
- 다양한 맛의 변화가 어렵다.

[표 23] 머신의 종류

순서	그룹 홀더	별도 그라인더	특성
수동식	1~4개	필요	• 피스톤 레버에 의해 작동 • 비전기식
반자동	1~4개	필요	• 추출버튼이 on-off로만 되어 있음
자동	1~4개	필요	• 메모리칩이 장착되어 물량을 자동으로 세팅
완전자동	없음	불필요	• 원터치 추출 방식 • 그라인더가 내장되어 별도의 탬핑작업이 필요없음

2) 커피머신의 부분 명칭

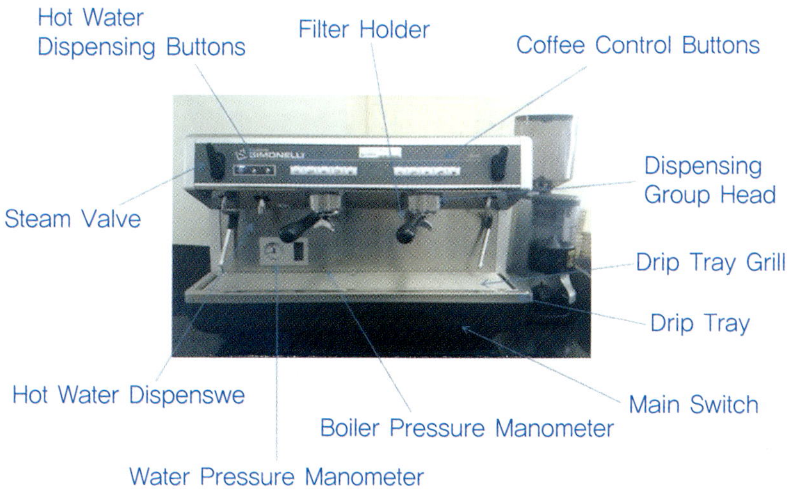

[에스프레소 머신 내부]

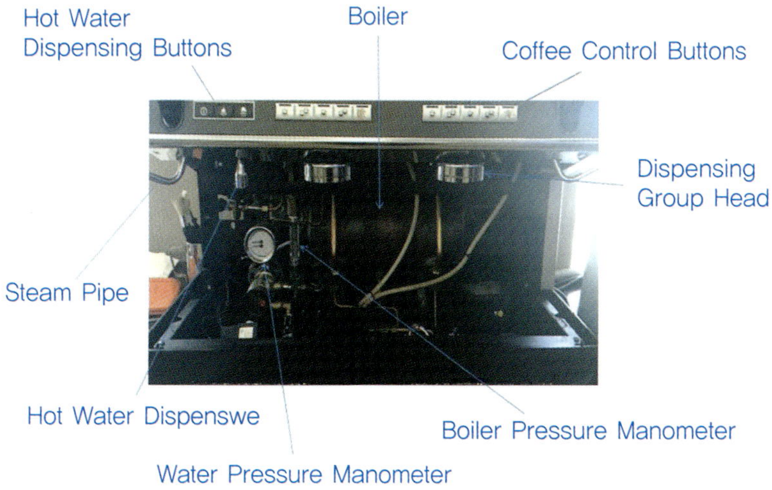

• Main Switch : 기계에 전원을 공급하는 스위치

• Drip Tray : 물을 받아 배수로 흘려주는 배수 받침대

• Drip Tray Grill : 커피 추출 시 컵을 놓는 컵 받침대

• Steam Pipe : 스팀이 나오는 스팀노즐

• Steam Valve : 스팀 사용 시 스팀을 열어주는 밸브

• Hot Water Dispenser : 추출 시 온수가 떨어지는 추출구

• Water Pressure Manometer : 펌프의 압력을 표시해 주는 압력 게이지

• Boiler Pressure Manometer : 보일러의 압력을 표시하는 압력 게이지

• Dispensing Group Head : 커피 물이 데워지고 커피를 추출하는 곳

• One-Cup Filter Holder : 1잔 추출용 필터홀더(6~7g 사용)

• Two-Cup Filter Holder : 2잔 추출용 필터홀더(12~14g 사용)

• Adjustable Foot : 기계 받침 발

• Hot Water Dispensing Buttons : 온수 추출 버튼

• Coffee Control Buttons : 커피 추출버튼

04 에스프레소 추출

1) 에스프레소의 추출 과정

(1) 분쇄(Grinding)와 커피 받기(Dosing)

에스프레소 전용 그라인더로 0.01~0.3mm 정도의 분쇄를 하게 되는데 추출하기 전 직전에 분쇄를 하여 포터필터 바스켓의 어느 한쪽에 치우치지 않게 골고루 담는다.

도징(Dosing)이란 일정량의 커피를 포터필터에 받는 것으로 포터필터를 좌우로 움직이며 바스켓에 골고루 담는 것이 좋다.

■ 에스프레소 맛의 결정 요소

- 원두의 굵기와 양
- 탬핑 강도
- 물의 온도
- 커피의 배전 정도
- 압력 등

[그라인더의 명칭]

■ 도징(Dosing)

일정량의 커피를 포터필터에 받는 것으로 포터필터를 좌우로 움직이며 바스켓에 골고루 담는다.

■ 호퍼(Hopper)

원두를 보관하는 통

■ 도저(Doser)

분쇄된 커피를 보관하는 통으로 일정량의 커피(dose)가 나오도록 설계됨.

(2) 커피 고르기(Leveling)

커피가루를 포터필터에 가득 담은 후 남는 커피를 손이나 도저 뚜껑 등을 이용해 도저나 찌꺼기 통(Knock box)에 깎아 버린다.

레벨링(고르기)은 분쇄된 커피를 포터 필터에 담은 후 커피 입자 사이의 공간을 다지는 작업이다.

(3) 탬핑(Tamping)

탬퍼를 이용하여 커피 입자 사이의 밀도를 균일하게 해줌으로써 물이 고르게 통과할 수 있도록 다져주는 과정이다.

- 1차 탬핑
- 태핑(Tapping)
- 2차 탬핑

■ **태핑(Tapping)**
1차 탬핑을 한 후 탬퍼를 이용하여 포터 필터 옆 부분을 살짝 치는 행동으로 다져진 커피 케이크 내부에 균열이 가기 쉬우므로 정확한 탬핑을 한 경우에는 생략하기도 한다.

(3) 추출

탬핑이 끝난 포터 필터를 추출을 위해 그룹헤드에 장착한 후 추출 버튼을 먼저 누른 후 워머에서 예열된 잔을 내려놓는다. 에스프레소를 받을 때는 잔 중앙보다는 비스듬히 받는 것이 좋다.

(4) 포터 필터 청소

추출이 끝나면 포터 필터를 그룹에서 분리시켜 커피 케이크를 찌꺼기 통에 버리고 포터 필터는 물로 헹구어 그룹에 장착해 둔다.

2) 에스프레소의 추출 순서

에스프레소의 추출 순서는 다음과 같다.

❶ 원두 통에 원두를 공급한다.

❷ 그라인더 스위치를 작동해서 원두를 분쇄한다.

❸ 도저의 칸을 채워준다.

❹ 오른손으로 필터 홀더를 그룹에서 뺀다. 왼손은 기계를 잡아 오른 손의 힘을 분산시킨다.

❺ 필터 홀더의 찌꺼기와 물기를 완전히 제거해 준다.

❻ 필터 홀더에 분쇄커피를 담는다.

❼ 스파우트를 깨끗이 유지한다.

❽ 1차 탬핑 : 1차 탬핑은 약하게 수평을 유지하는 정도로 마무리한다.

❾ 태핑을 해서 필터 가장자리에 있는 분쇄커피를 안쪽으로 모아 준다.

❿ 2차 탬핑 : 원하는 강도로 수평을 유지한다.

⓫ 필터 홀더 가장자리를 깨끗이 털어준다.

⓬ 탬퍼와 필터 홀더는 항상 깨끗한 곳에 보관한다.

⓭ 행주도 깨끗한 곳에 정갈하게 보관한다.

⓮ 오른손으로 필터 홀더를 잡고 먼저 그룹에 장착한다.

⓯ 오른손으로 필터 홀더를 장착한 후 왼손으로 힘을 주어 완전히 결합한다.

⓰ 추출버튼을 누른 후에 잔을 가져다 놓는다. 잔을 올려놓고 추출버튼을 눌러도 무방하지만 약간의 시간이라도 줄이기 위해서는 잔을 먼저 올려놓는 것이 좋다.

⓱ 오른 손을 이용해서 필터 홀더를 분리한 다음 찌꺼기를 버린다.

■에스프레소 추출 포인트

- 추출 압력 : 7~9기압(bar)
- 추출 시간 : 20~30초 (±25초)
- 추출 온도 : 90~95℃
- 커피 투입량 : 7~9g(1잔)
- 커피 추출량 : 1온스(oz) 내외(20~30ml)

■추출 전 열수 흘리기

그룹 헤드 내부의 찌꺼기를 제거하고, 저온 또는 고온의 추출수를 흘려보내 적절한 온도를 유지할 수 있다.

⑱ 연속적으로 추출할 때에는 마른행주로 필터 홀더의 필터를 깨끗이 닦은 후 추출한다.

⑲ 추출을 하지 않을 때에는 포터필터를 물로 씻어서 보관한다.

[에스프레소 추출과정]

5

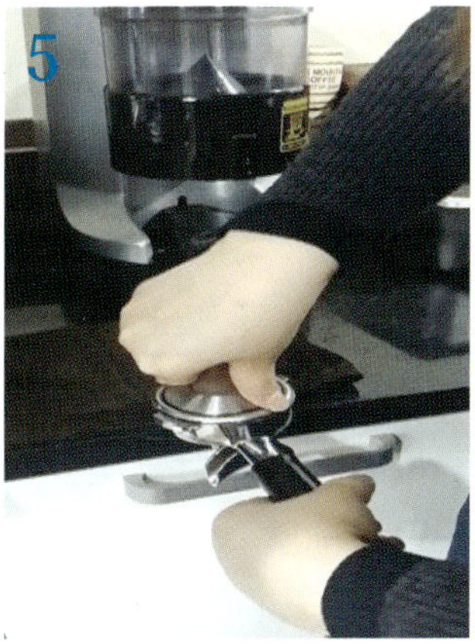

6

7

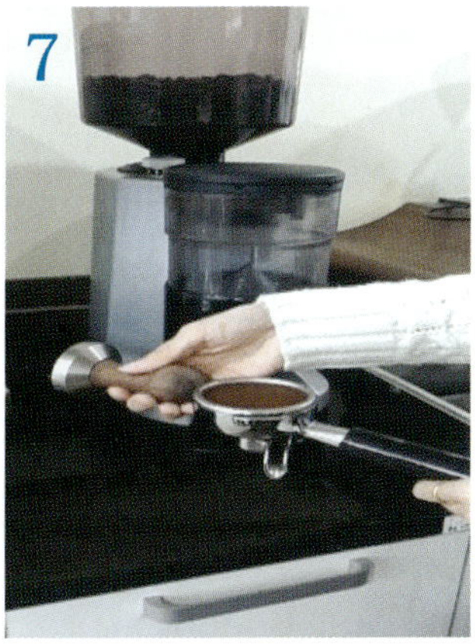

8

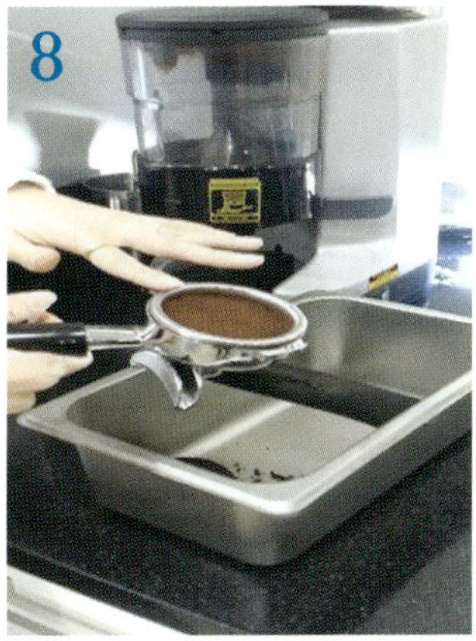

9

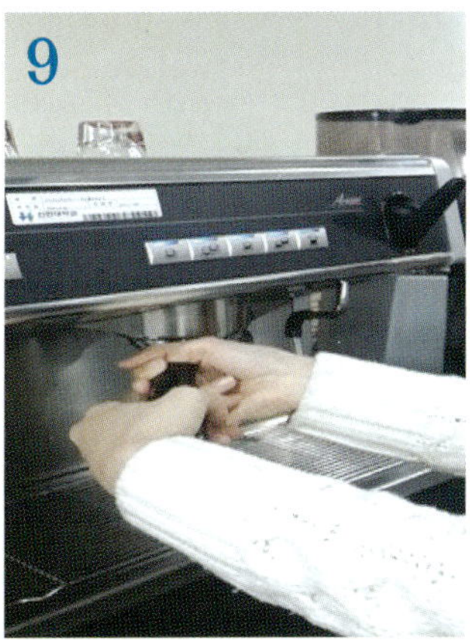

10

11

12

13

14

15

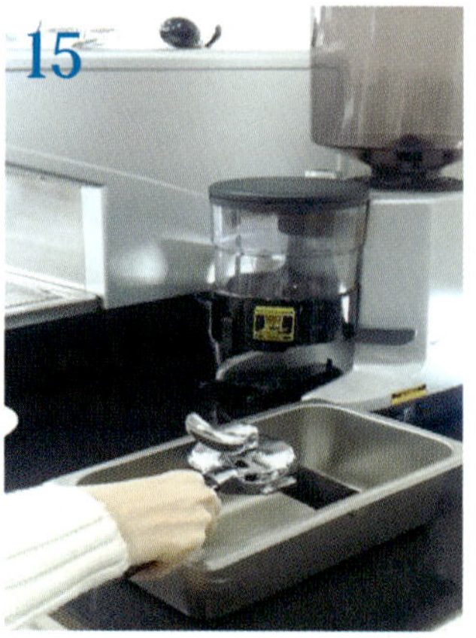

16

3) 에스프레소의 추출 결과

잔에 에스프레소를 받을 때 잔의 중간으로 떨어지면 커피가 충격을 받아 향이 손실되므로 잔 중앙보다는 비스듬히 받는 것이 좋다. 에스프레소 추출은 시간, 압력, 온도에 따라 맛이 변화하며, 추출된 커피 성분에 따라 맛이 달라진다.

[표 24] 에스프레소 추출변수에 따른 맛의 변화

변수	맛의 변화		
추출 시간	10~20초	20~30초	30초 이상
맛	신맛	신맛, 단맛, 쓴맛	쓴맛
압력	9bar 이하	9bar	9bar 이상
맛	쓴맛, 떫은맛	좋은 균형감	가벼운 맛
온도	90℃ 이하	90~95℃	96℃ 이상
맛	떫은맛	좋은 균형감	쓴맛

과소 추출이란 추출 속도가 지나치게 빨라 커피성분이 적게 추출되어 부족한 맛을 나타내는 커피를 말하며, 크레마 색상이 연하고 두께가 얇아 커피 액이 보인다. 과다 추출은 추출시간이 30초 이상 오래 걸리면서 커피 성분이 너무 많이 추출되어 쓴맛과 떫은 맛, 불쾌한 맛이 나고 크레마 색상이 너무 진하여 검은색을 띤다.

에스프레소 추출은 많은 다양한 변수와 함께 추출 시간, 압력, 온도에 따라 맛에 영향을 준다.

[표 25] 과소 추출과 과다 추출

원인	과소 추출 원인	과다 추출 원인
분쇄 입자 크기	분쇄 입자가 굵다.	분쇄 입자가 가늘다.
커피 투입량	기준보다 적은 커피 사용	기준보다 많은 커피 사용
탬핑 강도	탬핑이 약함	탬핑이 강함
물 온도	기준보다 낮음	기준보다 높음
펌프 압력	9bar 보다 높음	9bar보다 낮음
보일러 압력	기준보다 낮음	기준보다 높음
바스켓 필터	구멍이 너무 큰 경우	구멍이 작은 경우

05 에스프레소의 기본 메뉴

에스프레소는 다양한 부재료를 첨가하여 매우 다양한 메뉴를 개발할 수 있는데 핫 메뉴(hot menu), 콜드 메뉴(cold menu), 에스프레소 메뉴(espresso menu), 우유 등이 첨가된 베리에이션 메뉴(variation menu) 등으로 구분할 수 있다.

가장 기본적인 에스프레소 메뉴는 다음과 같다.

1) 에스프레소(Espresso)

25~30ml(약1oz) 정도의 커피를 데미타세(demitasse) 컵에 제공한다.

2) 리스트레또(Ristretto)

추출시간을 짧게 하여 추출하여 양이 적은 진한 에스프레소로 10~15초 동안 10~15ml정도를 추출하여 제공한다.

3) 도피오(Doppio)

일반적으로 투 샷(two shot) 또는 더블 샷(double shot)이라고 하며, 더블 에스프레소(double espresso)를 말한다. 즉 2잔 분량의 에스프레소(50~60ml)를 제공하는 것을 말한다.

4) 룽고(Lungo)

에스프레소의 추출 시간(약 40~50초)을 길게 하여 보다 양이 많게 추출하는 것으로 40~50ml정도를 제공한다.

5) 아메리카노(Americano)

에스프레소에 뜨거운 물을 추가한 것으로 추출한 에스프레소에 물을 희석하는 방법과 물을 먼저 채운 잔에 에스프레소를 붓는 방법이 있는데 이들 순서에 따라 맛이 달라진다.

에스프레소, 룽고, 리스트레또, 도피오 모두 아메리카노가 가능하다.

06 우유 스티밍

1) 우유 스티밍(Milk Steaming)

에스프레소의 응용 메뉴에서 우유 스티밍은 매우 중요하다. 메뉴에 따라 우유는 차갑게 사용되기도 하지만 뜨거운 음료에 사용되는 우유는 스티밍을 거치게 된다.

스티밍은 우유에 수증기를 불어 넣어 우유의 온도를 높이고, 우유 표면이 공기를 끌고 들어가며 피처 안의 우유로 흡입되면서 거품을 생성시키게 된다. 우유는 신선하고 차가운 것을 사용하는데 3℃ 정도의 우유가 가장 스팀된 우유 거품의 질이 좋다고 한다. 또한 유지방 함량이 높으면 스팀된 우유 거품의 질이 좋아진다.

우유는 신선하고 차가우며, 지방이 많을수록 거품의 질이 좋아진다.

카푸치노의 경우 거품의 질이 매우 중요한데 벨벳 밀크(Velvet Milk) 또는 실키폼(Silk Foam)의 거품은 카푸치노를 마실 때 입술에 느껴지는 감촉이 좋고 쉽게 거품이 사라지지 않는다.

우유 거품은 반자동 머신에 부착된 스팀 노즐을 이용하여 만들며, 전용 피처(Pitcher)를 사용하는 것이 좋다. 피처는 일반적으로 스테인리스 재질로 된 것이 좋으며, 아래는 넓고 위는 좁은 것이 좋다.

2) 거품 만들기

❶ 스팀 완드에서 증기를 뺀다.

❷ 스팀 완드 노즐을 우유 표면 바로 밑, 피처의 중앙에 담근다.

❸ 스팀 벨브를 열어주며, 공기를 주입한다.

❹ 우유 거품이 올라오면 우유를 회전시키며 혼합시킨다. 우유를 쉽게 회전시키기 위해서는 스팀 노즐을 피처 가장자리 쪽으로 이동시킨다.

❺ 우유거품이 충분히 올라오면 스팀 완드를 우유 밑쪽으로 담가 넣어 우유의 온도를 높인다.

❻ 우유의 온도는 60~68℃를 유지하고, 70℃ 이상 되면 비릿한 냄새와 함께 거품이 잘 나지 않으므로 온도가 높아지지 않도록 주의한다.

❼ 거품 만들기가 끝나면 피처를 바닥에 놓고 스팀 노즐의 벨브를 열어 증기와 남아 있는 우유를 빼낸 후 스팀 완드에 묻어있는 우유를 깨끗한 행주로 닦아 준다.

❽ 피처에 있는 거품우유를 곱게 만들기 위하여 가볍게 바닥에 쳐주고 회전을 통하여 고운 거품을 만든다.

3) 우유 붓기(바로 붓기)

스티밍한 우유를 붓는 방법에 따라 예쁜 모양을 만들어 낼 수 있는데 바로 붓기는 피처의 각도와 높낮이를 이용하여 직접 붓기를 하면서 모양을 만들어 내는 기법이다.

❶ 우유를 부을 때는 우유의 붓는 점을 정확히 결정하여야 한다.

❷ 처음 잔 채우기(30~40%)는 피처를 높이 들어 가늘게 부우면서 크레마는 살리고 우유는 밑으로 가라앉힌다.

❸ 다음 그림 그리기는 컵에 피처의 입구를 최대한 가까이 한다.

❹ 우유를 붓는 양은 많이, 흔드는 폭은 좁게, 흔드는 속도는 천천히 하며 붓는다.

❺ 그림이 정 위치에 올 수 있도록 한다.

[우유 스티밍]

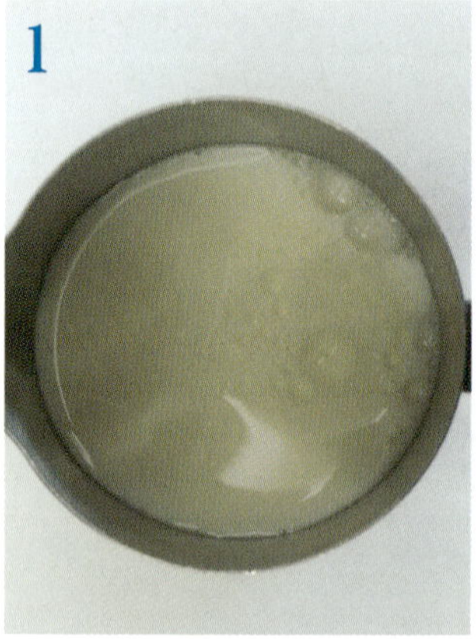

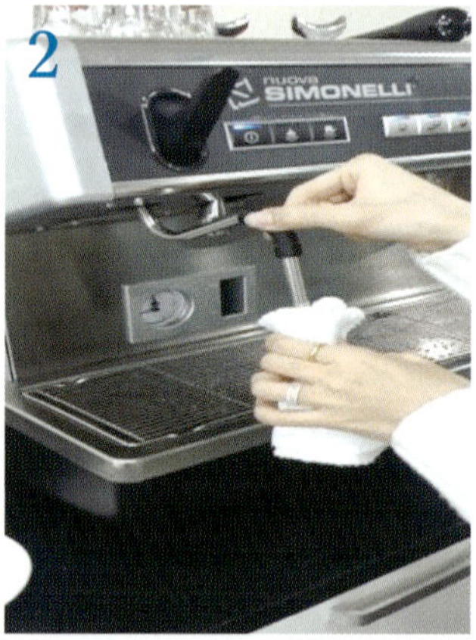

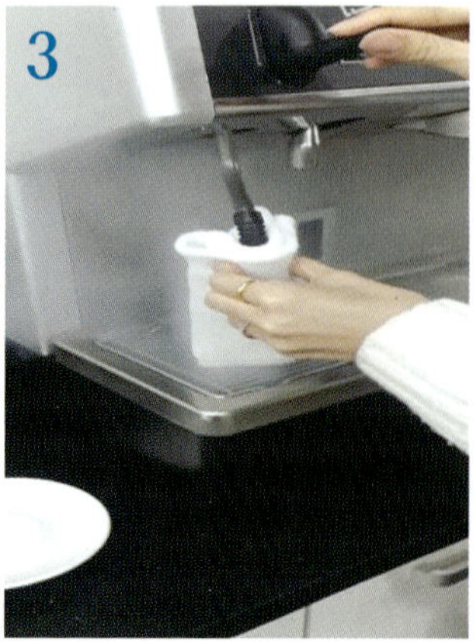

5

6

7

8
nuova
SIMONELLI

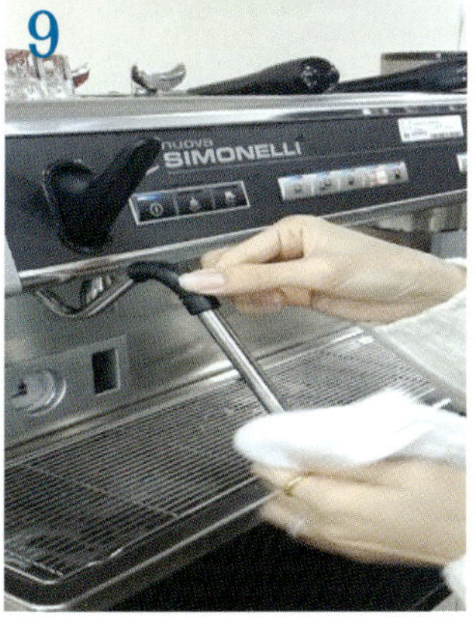
9
nuova
SIMONELLI

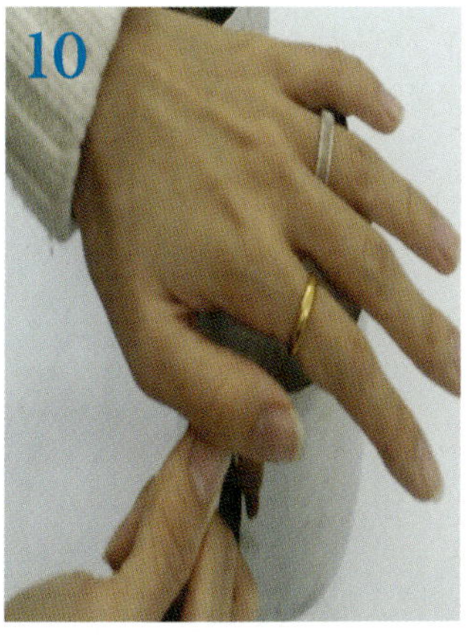
10

Ⅶ

커피의 성분과 효과

Ⅶ

커피의 성분과 효과

01 커피의 성분

커피는 볶은 후로 시간이 경과하면서 맛과 향이 소실되어 가는데 이는 맛과 향에 관한 성분이 휘발하거나 산화되는 것을 의미한다.

커피의 성분 중 가장 큰 비중을 차지하는 것은 다당류이며, 커피의 독특한 쓴 맛은 탄닌(Tannin)에서 비롯된 것이다.

커피 생두는 상온과 일반조건에서 약 2년 정도 보관이 가능하나, 일단 로스팅된 원두의 보관은 산소가 없는 상태 즉, 진공 상태로 만드는 것이 보관기간이 길어지고 맛이 변하지 않게 된다.

커피의 가장 중요한 성분은 다당류, 지질, 유기아미노산, 단백질, 클로로겐산, 나이아신, 칼륨, 무기질, 카페인 등이다. 이들 성분은 생두의 종류, 생산지역, 재배환경에 따라 조금씩 달라진다.

커피의 향미에 작용을 하는 것은 다당류, 지질, 유기아미노산, 단백질 등이다.

일반적으로 커피에는 다당류 37~55%, 지질 11~16%, 유기아미노산 11~16%, 단백질 4~5%, 무기질 3~5%, 지방산 2% 내외, 클로로겐산과 트리넬린, 카페인 등이 1~1.3% 정도 들어 있다.

[그림 6] 커피의 성분

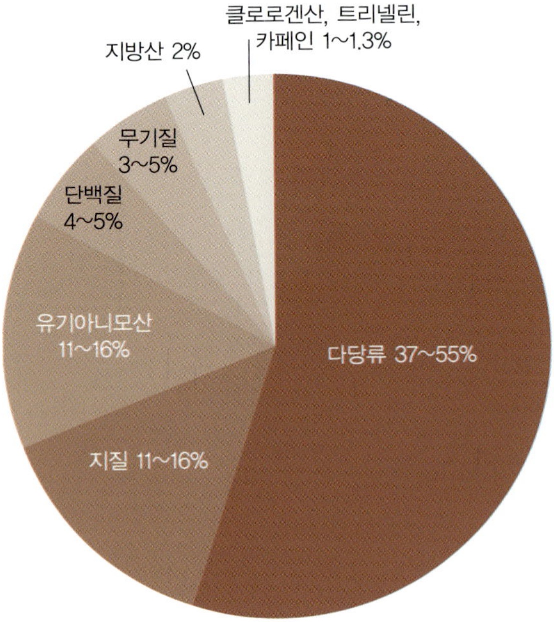

생두의 성분 중에서 가장 큰 비중을 차지하는 다당류는 열을 가하면 갈색으로 변하고, 향기와 감칠맛을 내는 작용을 하는데 이와 함께 지질, 유기아미노산, 단백질 등도 커피의 독특한 향미와 관계가 높다.

커피의 독특한 쓴맛은 탄닌(Tannin)에서 비롯되며, 보통 3~5%가 들어 있는데 침출시간이 길면 탄닌이 분해되어 피로겔롤(Pyrogallol)이란 성분이 생기면서 풍미를 급속하게 떨어뜨리게 된다.

카페인은 커피의 특성을 결정하는 가장 중요한 성분으로 냄새가 없다. 생두에는 1% 정도의 소량 들어있기는 하나 흥분과 각성, 이뇨, 진통 등의 의약적 효과도 있는 것으로 알려져 있다.

02 커피의 효능

커피는 최초 약으로 애용되었으나 이후 건강에 나쁜 것으로 알려졌으나 최근의 연구에서는 다양한 질병을 예방하고, 건강에 도움이 된다는 연구 결과가 발표되고 있다.

커피의 효능은 다음과 같다.

- 카페인은 에너지 소비량을 10% 올리며, 지방을 분해하여 다이어트에 효과가 있다.
- 커피는 각성효과가 있어 학습능률을 향상시킨다.
- 졸음운전을 방지한다.
- 카페인이 글리코겐보다 먼저 피하지방을 에너지로 변환시켜 운동의 지구력을 높인다.
- 커피에 함유되어 있는 푸란(Furan)류는 입 냄새, 특히 마늘 냄새를 없애는데 효과적이다.
- 카페인은 간기능을 활발하게 하여 '아세트알데히드' 분해를 빠르게 하고 신장의 움직임을 빠르게 혀여 배설을 촉진시키므로 음주 후 숙취방지와 해소에 도움이 된다.
- 카페인은 신체에 활기를 불어넣는 자극제이며, 약간의 이뇨작용을 하고 지방을 분해하는 등의 각종 대사작용을 원활하게 해준다.

카페인은 커피의 특성 중 중요한 성분으로 각성, 흥분, 이뇨작용 등이 있어서 커피를 많이 마시면 해롭다고 하나 카페인이 커피에만 있는 것이 아니라 콜라, 초콜릿, 과자, 이온 음료 등 다양한 식품에 있으므로 너무 많이 섭취하는 데 문제가 있다.

03 커피가 인체에 미치는 영향

커피에는 카페인 외에도 비타민, 미네랄, 식이섬유 등 1,000여 가지 이상의 성분이 들어있으며, 특히 활성산소를 제거하는 클로로겐산(Chlorogenic acid)이라는 항산화제 성분이 어떤 음료보다 많이 들어 있다.

스페인, 이탈리아 등 유럽인과 미국인들이 하루에 먹는 항산화제 중 60% 정도를 커피에서 섭취한다고 하며, 일본인들도 항산화제인 폴리페놀 성분의 50%를 커피를 통해 섭취한다고 한다. 이러한 커피의 강력한 항산화효과는 중간 정도로 로스팅된 커피에서 가장 높게 측정되었다고 한다.

카페인은 물에 잘 녹으며, 일반적으로 우리 몸에 흡수된 후 24시간이 지나면 모두 배출된다고 알려져 있는데 최근 커피의 카페인이 뇌암의 활동과 전이를 억제한다는 연구 발표가 있다.

커피와 건강에 관한 의학적 연구는 매우 많은데 현재에도 커피의 효능에 관한 새로운 연구결과들이 발표되고 있다.

- 일상적으로 커피를 마시는 것은 정신활성, 즉 각성도 기분전환을 시킬 수 있다.
- 신경학적 측면에서 볼 때 알츠하이머병, 파킨슨병 등에 긍정적 효과가 있으며, 특히 대뇌 인지 기능 저하와 치매발생의 위험성을 줄이는 것으로 밝혀졌다. 또한 파킨슨 병 등 다른 만성 퇴행성 신경질환에서 발생할 수 있는 기억력 장애를 관리하는데 도움을 줄 수 있다는 것이다.

- 대사성 질환, 즉 당뇨병, 담석증, 간경화증 등에 효과가 있는 것으로 밝혀졌는데, 우울증, 천식, 통풍 등에 유익하며 간경화증과 간암의 발생을 억제하고 간 기능회복에 도움을 준다.

최근 연구에 의하면 1일 2~3잔의 커피는 건강에 도움을 준다고 한다. 카페인은 체중 1Kg당 2.5mg 이하의 섭취를 권장한다.

반면에 커피가 건강에 해로운 경우도 있다. 심뇌혈관계 질환이 있는 경우 커피 섭취를 제한하는 것이 좋은데 커피를 마시면 일시적인 혈압 상승, 부정맥 등이 생길 수 있는데 이는 커피에 들어 있는 기름 성분(Cafestol 및 Kahweol)이 있기 때문이므로 이런 경우 커피를 마실 때는 종이필터를 이용하여 커피의 기름 성분을 제거한 후 묽게 마시는 것이 좋다.

커피를 마시면 체내 칼슘 균형에 대해서 다소 부정적 효과도 있는데 커피를 마실 때 하루 1컵 이상의 우유를 섭취하거나 비타민 D를 복용하면 체내 칼슘의 섭취를 보충할 수 있다.

최근 연구(서울대병원 박상민 교수팀, 2016. 2월)에서 폐경 여성들이 하루 1잔 이상 커피를 마시면 뼈 건강을 높이는 것으로 나왔다. 이전의 연구는 커피의 성분 중 카페인이 칼슘 흡수를 방해해 골다공증을 유발한다고 밝혔으나 커피를 하루에 1잔 미만 마시면 21%, 1잔 마시면 33%, 2잔 마시면 36%의 골다공증 위험을 감소시키는 것으로 나왔는데 커피에는 에스트로겐, 클로겐산(항산화 효과), 디테르펜(항 염증 효과) 성분이 포함되어 있어 이들이 뼈 건강에 이로운 효과를 줄 수 있는 것으로 추정된다.

우리가 마시는 커피 한 잔에는 약 40~108mg의 카페인이 들어 있으며, 보통 하루 5~6잔 정도의 커피는 신체에 별 영향을 끼치지는 않으나 과다섭취자의 경우 단시간에 많은 양을 마시면 카페니즘(불안, 초조, 불면, 두통, 설사)의 현상이 나타날 수 있다.

커피는 건강과 관련하여 많은 장점과 일부 단점을 갖고 있는 기호식품이다. 커피의 주된 부작용은 카페인에 의한 것이기 때문에 카페인의 적정한 섭취(1일 체중 1kg 당 2.5ml 이하)를 하고, 커피와 많은 수분을 함께 섭취하면 건강에 도움이 될 수 있다. 또한 건강을 생각한다면 설탕과 크림을 넣지 말고 마셔야 하며, 원두커피를 마실 때는 가급적 신선한 원두로 강하게 로스팅하지 않은 커피를 1일 2~3잔 정도 마시는 것이 좋다.

부록

커피 바리스타 기출문제

부록

커피 바리스타 기출문제

1. 제조방법에 따른 술의 분류로 옳은 것은?

① 예맨 ② 에티오피아
③ 브라질 ④ 인도네시아

2. 유럽 국가 중 가장 먼저 커피나무를 경작하기 시작한 나라는?

① 프랑스 ② 네덜란드
③ 영국 ④ 이탈리아

3. 우리나라에서 처음 커피를 마신 사람은 고종이다. 고종은 덕수궁 내에 우리나라 최초의 로마네스크풍의 건물을 지어 이곳에서 커피와 다과를 즐겼다고 한다. 이곳은 어디인가?

① 밀다원 ② 카페 세실
③ 정관헌 ④ 난다랑

4. 다음 중 커피나무에 관한 내용으로 옳지 않은 것은?

① 체리는 종자를 중심으로 은피(silver skin), 파치먼트, 과육, 외피로 이루어져 있다.
② 커피의 원산지는 아프리카이며, 커피의 열매를 체리 또는 커피체리라고 부른다.

③ 꽃은 흰색으로 열매가 열리기 전 2~3일 정도 피며, 재스민 향기와 비슷하다.
④ 잘 익은 커피 열매는 노란색을 띤다.

5. 다음 중 옳지 않은 것은?

① 아라비카 종은 염색체의 개수가 22개이다.
② 커피체리는 커피종자에 따라 성장속도가 다르다.
③ 일반적으로 정상적인 체리 안에는 생두가 2개 들어 있다.
④ 커피체리는 과육, 점액질, 파치먼트, 은피, 생두의 구조로 되어 있다.

6. 일반적으로 볼 수 있는 생두의 표면을 감싸고 있는 얇은 껍질을 무엇이라고 하는가?

① 내과피(parchment)
② 외피(outer skin)
③ 은피(silver skin)
④ 과육(pulp)

7. 생두의 가운데 골처럼 파인 부분을 무엇이라고 하는가?

① 센터컷(center cut)
② 과육(pulp)
③ 외피(outer skin)
④ 파치먼트(parchment)

8. 커피 생두에 대한 설명 중 옳지 않은 것은?

① 좋은 생두일수록 향이 풍부하며, 시고 쓰고 떫은맛이 나며, 갈색 빛을 띤다.
② 품종에 따라 수확량과 시기가 다양하다.
③ 커피 체리 하나에 가끔 얻게 되는 한 개의 동그란 생두를 피베리(Peaberry)라고 한다.
④ 커피 열매의 정제된 씨앗을 그린 빈(Green Bean)이라고 한다.

9. 커피 종(species)의 분류에 속하지 않는 것은?

① 아라비카 종
② 리베리카 종
③ 로부스타 종
④ 베베카 종

10. 식물학적으로 본 커피 품종에 대한 내용으로 옳지 않은 것은?

① 커피나무는 꼭두서니 과 코페아 속에 속하는 다년생 쌍떡잎식물이다.

② 코페아 아라비카의 대표적인 품종에는 티피카(Typica), 버번(Bourbon) 등이 있다.

③ 코페아 카네포라(Coffea Canephora)는 흔히 리베리카라고 한다.

④ HdT(Hibrido de Timor)는 아라비카와 로부스타의 교배종이다.

11. 다음 중 아라비카 종 커피가 아닌 것은?

① Santos No. 2 ② Colombia Supremo

③ Kenya AA ④ Indonesia WIB

12. 다음에 설명하는 것은 무엇인가?

> 주로 고지대에서 재배되며 기후조건에 영향을 많이 받아 재배가 까다로운 반면에 맛과 향이 뛰어나 종자개량과 연구가 활발하게 이루어지고 있으며, 세계 커피 생산량의 60~70%를 차지하는 커피 품종

① 아라비카 종 ② 로부스타 종

③ 리베리카 종 ④ 카네포라 종

13. 다음의 아라비카 종 중에서 가장 관계가 먼 것은?

① 카투아이(Catuai) ② 티피카(Typica)

③ 버번(Bourbon) ④ 카투라(Caturra)

14. 아라비카 종에 대한 설명 중 옳지 않은 것은?

① 문도노보(Mundo-Novo) 종은 브라질에서 재배가 시작된 커피품종이다.

② 버번(Bourbon)의 돌연변이종은 카투라(Caturra)이다.

③ 마라고지페(Maragype)는 티피카(Typica)의 돌연변이종으로 스크린 사이즈가 20보다 큰 콩이다.

④ 카티모르(Catimor)는 버번(Bourbon)과 티피카(Typica)의 자연교배종이다.

15. 로부스타 커피(Coffea Canephora)의 원산지로 알려진 나라는?

① 콩고 ② 케냐

③ 에티오피아 ④ 예맨

16. 다음의 커피품종 중 종류가 다른 하나는?

① 티피카(Typica) ② 버번(Bourbon)

③ 카투라(Caturra) ④ 코닐론(Conillon)

17. 다음에 설명하는 것은 무엇인가?

- 브라질에서 발견된 티피카(Typica)의 돌연변이 종으로 다른 아라비카 종에 비해 잎, 체리, 생두가 모두 크다.
- 흔히 코끼리 콩(Elephant bean)이라고 지칭하기도 한다.
- 브라질, 멕시코, 니카라과 등지에서 경작된다.

① 피베리(Peaberry) ② 롱베리(Longberry)

③ 마라고지페(Maragype) ④ 파치먼트(parchment)

18. 다음 중 커피 재배지역에 대한 설명으로 옳지 않은 것은?

① 재배지역은 대략 적도를 중심으로 북위 25도와 남위 25도 사이에 위치한다.

② 건기와 우기가 뚜렷한 기후조건이 좋다.

③ 연평균 기온 약 15~24℃의 아열대성 기후가 적합하다.

④ 재배기간 중 한 달 정도 서리가 내리는 지역이 유리하다.

19. 아라비카와 로부스타 커피 종에 대한 설명 중 옳지 않은 것은?

① 로부스타 커피는 일반적으로 병충해 등에 강하다.

② 아라비카 커피는 주로 인스턴트커피용으로 사용된다.

③ 아라비카 커피는 해발 800~2,000m 지역에서 주로 재배한다.

④ 아라비카 커피보다 로부스타 커피가 카페인을 많이 함유하고 있다.

20. 커피체리로부터 과육(pulp)을 벗겨내는 것을 무엇이라고 하는가?

① 센터컷(center cut) ② 펄핑(pulping)
③ 워시드(washed) ④ 파치먼트(parchment)

21. 다음 중 커피 콩에 대한 설명 중 옳지 않은 것은?

① 결점두(Defect) : 정상이 아닌 콩으로 검은 콩, 미숙콩, 변질콩, 쪼개진 콩, 곰팡이 콩 등의 결점 커피콩
② 하드 빈(Hard Bean) : 맛이 거친 하급 커피
③ 소프트 빈(Soft Bean) : 맛이 부드러운 상급 커피
④ 그린 빈(Green Bean) : 볶은 커피

22. 마일드 커피(mild coffee : washed coffee)의 최대 생산 국가는?

① 브라질 ② 콜롬비아
③ 에티오피아 ④ 케냐

23. 커피체리의 가공법 중 건식법(dry process)에 대한 설명으로 옳은 것은?

① 수확한 커피체리에서 과육을 제거한 후 건조시킨다.
② 수확한 체리를 그대로 건조시킨 후, 건조된 체리로부터 분리한다.
③ 덜 익은 커피 체리를 수확하여 저온에서 숙성한 후, 생두를 분리하여 건조시킨다.
④ 물로 발효된 펄프층을 씻어낸 후 펄핑(pulping)한다.

24. 커피 가공 처리 과정으로 옳은 것은?

① Drying → Pulping → Hulling → Polishing → Grading → Bagging
② Pulping → Hulling → Drying → Grading → Polishing → Bagging
③ Pulping → Drying → Hulling → Polishing → Grading → Bagging
④ Hulling → Polishing → Pulping → Grading → Drying → Grading

25. 커피가공 과정에 대한 아래 설명에 해당되는 것은 무엇인가?

> – 은피(silver skin)를 제거하는 과정
> – 상품의 가치를 높이기 위한 선택과정으로 주로 고급 커피인 자메이카 블루마운틴, 하와이 코나 커피 등에 사용

① Washing 과정 ② Drying 과정
③ Polishing 과정 ④ Grading 과정

26. 커피 생두의 스크린 사이즈(Screen size) 단위에 대하여 올바른 것은?

① 1/44 inch ② 1/54 inch
③ 1/64 inch ④ 1/74 inch

27. 일반적으로 출하되는 생두의 수분 함량은?

① 5~6% ② 8~9%
③ 11~13% ④ 15~18%

28. SCAA 분류법 중 Speciality Grade 등급기준에 해당하지 않는 것은?

① 생두 350g을 샘플로 결점수를 체크한다.
② 퀘이커(Quaker)는 배전된 커피 100g 중 3개까지만 허용된다.
③ 생두의 수분 허용률은 10~13% 이내이다.
④ 샘플은 Fragrance, Aroma, Flavor, Acidity, Body 등의 독특한 특성을 가지고 있어야 한다.

29. 커피를 분류하는 방법이 다른 세 나라와 다른 국가는?

① 코스타리카 ② 과테말라
③ 콜롬비아 ④ 자메이카

30. 커피생두의 크기에 대한 품질 평가 기준을 잘못 설명한 것은?

① 일반적으로 생두가 클수록 고급으로 여기며, 가격도 비싸다.

② 1/64inch 단위로 구멍크기가 분류된 체(Screener)를 써서 생두의 크기 등급을 매긴다.

③ 케냐에선 AA, A로, 콜롬비아에서는 A, B, C, PB 등급으로 표기한다.

④ Screen#18은 미국의 7.14mm에 해당하는 크기다.

31. 커피원산지와 대표적인 커피를 연결한 것이다. 옳지 않은 것은?

① 자메이카 – 블루마운틴(Blue Mountain)

② 코스타리카 – 따라주(Tarrazu)

③ 멕시코 – 타파출라(Tapachula)

④ 과테말라 – 오악사(Oaxaca)

32. 세계 최초의 커피 수출항의 이름을 딴 것으로 예멘과 에티오피아에서 생산되는 아라비카를 통칭하는 것은?

① 수마트라 ② 산토스

③ 만델링 ④ 모카

33. 생산지명을 딴 커피이름으로 연기가 밴 듯한 향을 지닌 스모크 커피(Smoked coffee)로 유명한 것은?

① 하라(Harrar) ② 킬리만자로(Kilimanjaro)

③ 안티구아(Antigua) ④ 타파출라(Tapachula)

34. 다음 중 커피의 생산량이 가장 많은 나라는?

① 브라질 ② 인도네시아

③ 하와이 ④ 콜롬비아

35. 아라비카 종 커피의 생산국과 커피 명칭에 대한 설명 중 옳지 않는 것은?

① 탄자니아 – 킬리만자로 ② 인도네시아 – 만델링

③ 자메이카 – 블루마운틴 ④ 하와이 – 크리스탈 마운틴

36. 에티오피아에서 생산되는 생두로 산도가 높고 과일 향이 있는 커피는?

① 산토스(Santos)
② 킬리만자로(Kilimanjaro)
③ 이르가체페(Yirgacheffe)
④ 코나(Kona)

37. 커피 로스팅 시 일어나는 물리적 현상으로 옳지 않은 것은?

① 온도의 상승으로 원두와 실버스킨이 분리된다.
② 수분이 증발하고 내부조직이 팽창되면서 1차 크랙이 발생한다.
③ 1차 크랙 발생 후 2차 크랙이 발생한다.
④ 원두의 크기는 미미한 변화가 있다.

38. 볶은 콩에서 가장 많이 발생하는 가스의 주성분은?

① 이산화탄소
② 질소
③ 산소
④ 수소

39. 다음 중 에스프레소 추출을 위한 로스팅 단계는?

① 시나몬 로스팅
② 하이 로스팅
③ 이탈리안 로스팅
④ 미디엄 로스팅

40. 로스팅 진행과정에 따른 설명 중 옳지 않은 것은?

① 생두가 열을 받으면 서서히 수분의 증발이 이루어진다.
② 로스팅 초기엔 수분이 증발하면 생두조직이 팽창한다.
③ 발열반응 후 흡열반응이 일어난다.
④ 발열반응 이후 1, 2차 크랙이 일어난다.

41. 커피의 재배 조건에 대한 설명 중 옳지 않은 것은?

① 아라비카 종은 연평균 기온이 15~24℃ 정도가 좋다.
② 커피열매 수확의 적정 일조량은 연 1,000~1,500시간 정도가 좋다.
③ 커피경작에 적합한 토양은 화산성 토양의 충적토가 좋다.
④ 커피재배에 적합한 습도는 아라비카는 60%, 로부스타는 70~75%이며, 습도가 85% 이상이 되면 품질에 부정적인 영향을 미친다.

42. 커피의 성분 중 로스팅 원두에 가장 많이 함유된 것은?

① 단백질　② 당질
③ 칼륨　④ 지질

43. 볶은 커피의 향미 이상과 원인으로 옳지 않은 것은?

① 향미가 약해지고 기름맛과 탄 맛이 나는 것은 최적 로스팅 조건을 지났기 때문이다.
② 향기가 없고, 풋내와 누린 냄새가 나는 것은 고온으로 로스팅을 했기 때문이다.
③ 탄 냄새와 풋냄새가 섞인 균형되지 않은 향미는 균일하지 않은 커피콩을 같이 로스팅했기 때문이다.
④ 맛은 강하나 변패의 향이 있는 것은 커피콩이 빨리 산화되었기 때문이다.

44. 블렌딩에 대한 설명 중 옳지 않은 것은?

① 블렌딩을 통해 다양한 맛과 향기를 만들어 낼 수 있다.
② 커피콩의 공급과 품질이 일정하지 않을 때 블렌딩을 통해 대체콩으로 품질 유지가 가능하다.
③ 블렌딩을 할 때 균형과 개성 중 한 가지를 선택한다.
④ 직화식 로스터는 혼합블렌딩에 적합하다.

45. 아이스커피용으로 적합한 볶음 정도는?

① 시티 로스팅　② 하이 로스팅
③ 프렌치 로스팅　④ 시나몬 로스팅

46. 커피를 끓이거나 추출 시 방출되는 향기를 무엇이라고 하는가?

① Acidity　② Body　③ Aroma　④ Fragrance

47. 드립퍼의 형태 중 추출방법이 침지법에 가장 가까운 것 것은?

① 메리타　② 카리타　③ 고노　④ 하리오

48. 커피 추출의 정의를 정확히 설명한 것은?

① 잡미를 포함하지 않은 양질의 유효 성분만을 뽑아내는 것
② 커피의 모든 성분을 최대한 많이 뽑아내는 것
③ 적은 양의 커피가루로 많은 양의 커피를 뽑아내는 것
④ 많은 양의 커피가루를 사용하여 소량의 진액만을 뽑아내는 것

49. 에스프레스 기계, 드립퍼, 모카포트 등 사용하는 커피기구에 따라 커피의 분쇄도를 다르게 하는 이유는?

① 커피분쇄입도의 크기에 따라 미분의 생성도가 달라지므로
② 추출 시 필요한 커피의 용량을 정확히 측정할 수 있으므로
③ 커피분쇄입자의 크기에 따라 뜨거운 물과 접촉하는 표면적이 달라지므로
④ 커피분쇄입자의 크기를 다르게 하여 많은 양의 커피를 추출하기 위하여

50. 드립식 커피추출에서 커피에 수분과 열을 주어 세포를 팽창시켜 성분이 추출되기 쉬운 상태로 만들기 위한 작업은?

① 진액 추출 ② 뜸들이기
③ 스프링 주입 ④ 추출

51. 커피 핸드 드립 추출 도구로 맞지 않은 것은?

① 서버 ② 필터
③ 드립용 포트 ④ 포타 필터

52. 페이퍼 드립퍼에 있는 리브(Rib)의 역할을 바르게 설명한 것은?

① 필터와 드립퍼 사이에 간격을 만들어 커피 추출액이 쉽게 흘러내려 가도록 한다.
② 드립퍼의 내구성을 높이는 역할을 한다.
③ 접촉면을 높여 물이 빠지는 시간을 길게 하는 역할을 한다.
④ 리브가 많을수록 유속이 느려져 보다 진한 커피를 뽑을 수 있다.

53. 다음 중 가방 바람직한 에스프레소 추출의 모습은?

① 처음엔 천천히 똑똑 떨어지다가 나중엔 가늘고 고르게 나오면서 28초에 28ml가 추출되었다.
② 처음부터 끝까지 고른 두께로 가늘게 나오면서 25초에 25ml가 추출되었다.
③ 조금 굵은 줄기로 나오면서 15초에 추출은 끝났으나 거품이 1/2 이상으로 풍성하게 나왔다.
④ 처음부터 끝까지 고른 두께로 35초만에 30ml가 추출되었다.

54. 에스프레소를 추출하기 위해 팩킹(Packing)의 순서로 올바른 것은?

① 커피담기 〉 면고르기 〉 필터바스켓 상부 털기 〉 탬핑(Tamping)
② 커피담기 〉 탬핑(Tamping) 〉 필터바스켓 상부 털기 〉 면고르기
③ 커피담기 〉 면고르기 〉 탬핑(Tamping) 〉 필터바스켓 상부 털기
④ 커피담기 〉 필터바스켓 상부 털기 〉 탬핑(Tamping) 〉 면고르기

55. 분쇄기(Grinder)에 적절한 굵기의 커피를 분쇄하여 배출레버의 동작에 의해 일정한 양의 커피가 배출되도록 하는 동작을 무엇이라고 하는가?

① Grinding ② Cupping
③ Levelling ④ Dosing

56. 블렌딩에 대한 설명 중 옳지 않은 것은?

① 블렌딩을 통해 다양한 맛과 향기를 만들어 낼 수 있다.
② 커피콩의 공급과 품질이 일정하지 않을 때 블렌딩을 통해 대체콩으로 품질 유지가 가능하다.
③ 블렌딩을 할 때 균형과 개성 중 한 가지를 선택한다.
④ 직화식 로스터는 혼합 블렌딩에 적합하다.

57. 다음 중 필터를 사용하여 추출하는 방식이 아닌 것은?

① 모카포트 ② 에스프레소
③ 핸드드립 ④ 이브릭

58. 커피 신선도를 저해시키는 '산패'의 주요 원인이 아닌 것은?

① 분쇄도 ② 로스팅 정도
③ 밀도 ④ 온도

59. 핸드드립에서 뜨거운 물과 커피가루의 접촉시간에 영향을 주는 요소가 아닌 것은?

① 드리퍼 종류 ② 드립주전자 종류
③ 커피입자 크기 ④ 물의 주입 속도

60. 알폰소 비알레띠에 의해 개발된 가정식 에스프레소커피 추출기로 끓는 물의 증기압력에 의해 상단으로 물이 올라가는 과정에서 커피 층을 통과하여 커피가 추출되는 추출기구는 무엇인가?

① 프렌치프레스 ② 이브릭
③ 모카포트 ④ 사이펀

61. 다음 중 커피의 향과 맛을 표현하는 용어가 아닌 것은?

① Fragrance ② Acidity
③ Flavor ④ Tasty

62. 커피 맛의 평가 기준 중 하나로 입안에서 느껴지는 커피 맛의 무게감과 촉감에 대한 용어는?

① Aroma ② Acidity ③ Body ④ Flavor

63. 다음은 추출에 관한 설명이다. 틀린 것은?

① 커피는 향미 성분들이 각각 다른 속도로 추출되기 때문에 추출방법에 따라 달라진다.
② 일반적으로 추출시간이 길면 가는 입도가, 짧으면 굵은 입도가 적합하다.
③ 일반적으로 좋은 성분이나 향기, 상큼한 맛, 달콤한 맛은 먼저 추출된다.
④ 추출커피의 품질은 향미 성분의 농도와 추출 수율의 균형에 의하여 결정된다.

64. 신선한 커피를 추출할 때 표면이 부풀어 오르거나 거품이 생기는 이유는 커피에 함유된 어떤 성분에 의한 것인가?

① 탄산가스 ② 아미노산
③ 당질 ④ 유기산

65. 다음 카페인의 일반적인 특징으로 맞는 것끼리 묶여진 것은?

㉮ 무색이다	㉯ 냄새가 없다
㉰ 찬물에서도 잘 녹는다	㉱ 쓴맛을 낸다

① ㉮, ㉯, ㉰ ② ㉮, ㉰, ㉱ ③ ㉮, ㉱ ④ ㉯, ㉱

66. 다음은 커피에 함유되어 있는 지방을 설명한 것이다. 틀리게 설명한 것은?

① 커피의 지방은 커피의 전체적인 향기와 맛을 나타내는데 미묘하면서도 중요한 역할을 한다.
② 커피추출액 표면에 기름방울이 뜨면 추출액의 표면장력을 감소시켜서 부드럽고 매끄럽게 느끼게 한다.
③ 커피 내의 지방은 커피와 맛을 오염시키는 외부 변패물질들을 운반해 오지 않는다.
④ 지방은 커피의 향기와 맛, 성분들을 운반한다.

67. 다음 중 카페인이 다이어트에 미치는 효과가 아닌 것은?

① 운동전에 카페인을 섭취하면 에너지를 많이 내게 해준다.
② 인체의 에너지 소비량을 10% 증가시킨다.
③ 이뇨작용으로 인해 일시적으로 부기를 해소한다.
④ 혈관을 확장시켜 신진대사를 더디게 한다.

68. 커피가 우리 신체에 미치는 영향을 나열한 것이다. 틀린 것은?

① 중추신경계를 자극하여 정신을 맑게 깨운다.
② 칼슘이온이 농도가 증가하여 심박수와 심박출량이 늘어난다.

③ 고혈압과 심장질환을 일으킬 수도 있다.
④ 소변의 양을 감소시킨다.

69. 카페인을 제거한 디카페인 커피에 대한 설명 중 틀린 것은?

① 카페인 제거방식은 물, 이산화탄소 등을 이용한다.
② 가공과정 중 커피향의 손실이 있다.
③ 카페인이 100% 제거된다.
④ 가공과정은 생두 조직을 손상시킨다.

70. 다음 중 향커피에 관한 설명으로 가장 알맞은 것은?

① 인공향보다는 천연향이 월등히 많이 사용된다.
② 향커피는 커피애호가들에게도 많은 호응을 얻고 있다.
③ 향커피는 값싼 저급 커피에 약간의 고급 커피를 혼합하여 뛰어난 맛을 창출한다.
④ 중 · 고급커피를 활용하여 원가절감과 상품의 다양성 추구라는 명제에서 출발했다.

71. 다음 중 커피의 산패에 관한 설명으로 거리가 먼 것은?

① 산패란 유기물이 산화되어 지방산을 발생시키고 그로 인해 맛과 향이 변하는 현상이다.
② 커피가 공기 중의 산소와 접촉하여 산화되면서 그 맛과 향이 변질되는 것을 말한다.
③ 산패란 커피가 변질되는 것으로 부패와 같은 개념이다.
④ 산패에 영향을 미치는 것은 빛, 산소, 습도가 가장 치명적인 것들이다.

72. 다음 중 유연한 플라스틱 필름에 물건을 싸고 내부를 진공으로 탈기함과 동시에 필름의 둘레를 용착 밀봉하는 포장기법은?

① 가스치환포장기법 ② 진공포장기법
③ 탈산소제 봉입포장기법 ④ 무균포장

73. 두 가지 종류 이상의 커피를 혼합하는 것으로, 궁합이 잘 맞는 커피들끼리 혼합하여 맛과 향의 상승효과를 얻고자 함이 그 목적인 과정을 무엇이라 하는가?

① 배전(Roasting)　② 분쇄(Grind)
③ 배합(Blend)　④ 추출(Brew)

74. 다음 중 최초의 블렌딩 커피로 알려진 것은?

① 인도네시아에서 자바와 만델링을 혼합한 것이다.
② 에티오피아의 모카와 자메이카의 블루마운틴을 혼합한 것이다.
③ 인도네시아의 자바와 예멘의 모카를 혼합한 것이다.
④ 자메이카의 블루마운틴과 인도네시아 만델링을 혼합한 것이다.

75. 1901년 이탈리아 밀라노에서 증기압을 이용하여 처음으로 머신을 개발해 발표하고 특허를 취득한 사람은 누구인가?

① 데지데리오 파보니(Desiderrio Pavoni)
② 루이지 베제라(Luigi Bezzera)
③ 아킬레 가찌아(Achille Gaggia)
④ 카를로 발렌테(Carlo Valante)

76. 에스프레소 기계에 대한 설명으로 잘못된 것은?

① 수동식 커피기계 : 레버의 지렛대 원리를 응용한 피스톤식 기계이다.
② 반자동 커피기계 : 그라인더와 에스프레소 기계가 분리되어 있어 원두커피에 열이 가해지지 않는다.
③ 전자동 커피기계 : 커피추출이 매우 쉽고 간편하며 추출하는 사람에 따라서 다양한 맛의 변화를 줄 수 있다.
④ 반자동 커피기계 : 전문 바리스타용 커피기계로 다양한 에스프레소 메뉴 커피를 만들기에 용이하다.

77. 다음 중 에스프레소 기계의 구성품으로 올바르지 않는 것은?

① 스팀 피처　② 그룹헤드　③ 보일러　④ 개스킷

78. 다음 중 에스프레소 기계에서 개스킷의 역할은?

① 필터홀더에 커피를 담아 눌러줄 때 사용하는 역할을 한다.

② 그룹헤드에 필터홀더를 장착할 때 적은 힘으로 쉽게 할 수 있도록 해준다.

③ 추출할 때 고온·고압의 물이 새지 않도록 차단하는 역할을 한다.

④ 바스켓필터의 커피에 물이 고르게 분배되도록 해준다.

79. 다음 중 커피 블렌딩(Coffee blending)에 관한 설명으로 바르지 못한 것은?

① 맛보다는 경제적인 목적, 즉 원가 절감차원에서의 커피 블렌딩이 이루어지는 경우도 상당히 많다.

② 블렌딩은 맛과 향의 상승효과를 위해 두 가지 이상의 커피를 혼합하는 것이다.

③ 블렌딩을 위해서는 원두의 특징과 블렌딩 결과에 대한 경험과 이해가 필요하다.

④ 한 잔의 커피가 만들어지기 위한 과정 중에서 반드시 거쳐야 되는 과정이다.

80. 다음 중 에스프레소 기계에서 포터필터를 장착시키는 위치로 알맞은 것은?

① 그룹헤드 ② 개스킷 ③ 도저 ④ 넛박스

81. 다음 중 에스프레소 기계의 일일 점검사항이 아닌 것은?

① 보일러 압력 ② 물의 온도

③ 개스킷의 마모상태 ④ 분사홀더(샤워스크린)의 세척상태

82. 에스프레소 기계는 이 추출기구에서 힌트를 얻어 그 추출방업의 기초 원리에 착안하여 개발되었다. 에스프레소 기계의 개발 계기가 된 추출방법은?

① 진공여과법 ② 달임법 ③ 투과법 ④ 침지법

83. 다음 중 터키 사람들이 커피를 끓여 마실 때 사용되는 기구로 알맞은 것은?

① 멜리어(Melior) ② 이브릭(Ibrik)

③ 퍼컬레이터(Percolator) ④ 드립(Drip)

84. 다음 커피 추출기구 중 일반적으로 분쇄된 원두입자 크기가 작은 것에서부터 큰 것의 순서로 나열한 것으로 알맞은 것은?

㉮ 에스프레소	㉯ 모카포트	㉰ 프렌치프레스	㉱ 사이폰

① ㉮-㉯-㉰-㉱　　② ㉮-㉱-㉯-㉰

③ ㉮-㉯-㉱-㉰　　④ ㉯-㉮-㉰-㉱

85. 다음 중 커피의 추출방법과 사용되는 기구로 연결이 올바르지 못한 것은?

① 가압추출법 – 에스프레소(Espresso)

② 달임법 – 모카포트(Mocha Pot)

③ 우려내기 – 프렌치프레스(French Press)

④ 여과법 – 핸드드립(Hand Drip)

86. 커피를 분쇄(Grinding)하는 이유 중 가장 알맞은 것은?

① 필터홀더에 채우는 커피의 양을 늘리기 위하여

② 커피유용물질의 추출을 위한 물과의 접촉을 늘리기 위하여

③ 커피의 추출을 위한 도징(Dosing)을 용이하게 하기 위하여

④ 커피의 향미성분(아로마, 플래버)을 증가시키기 위하여

87. 에스프레소 기계에서 커피추출시 커피의 분쇄나 탬핑등의 문제로 발생할 수 있는 과소추출(Under Extraction) 또는 과다추출(Over Extraction)에 대한 설명으로 옳은 것은?

① 과소추출 – 분쇄된 원두입자가 매우 곱거나 탬핑이 약하다.

② 과소추출 – 분쇄된 원두입자가 매우 굵거나 탬핑이 매우 강하다.

③ 과다추출 – 분쇄된 원두입자가 매우 굵거나 탬핑이 약하다.

④ 과다추출 – 분쇄된 원두입자가 매우 곱거나 탬핑이 매우 강하다.

88. 다음 크레마의 설명 중 바르지 못한 것은?

① 커피가 빨리 식는 것을 막아준다.

② 바로 로스팅한 신선한 원두에서는 더 두껍게 나타난다.
③ 커피추출 시 나오는 아교질과 커피오일의 결합체이다.
④ 향기의 발산을 방해하여 오랜 시간 동안 향기를 유지하게 한다.

89. 한 잔의 에스프레소를 추출하기 위한 기준으로 다음 중 바르지 못한 것은?

① 추출하는 물의 온도 : 65~70℃　② 추출시간 : 25±5초
③ 추출압력 : 7~9bar　④ 분쇄된 원두의 양 : 6.5±1.5g

90. 다음 중 커피의 보관방법으로 가장 적합한 것은?

① 신선도를 보존하기 위해 가정에서 장시간 보관시 냉장 보관하는 것이 좋다.
② 개봉된 제품의 커피 향을 오래 보관하기 위해서 포타필터에 담아두는 것이 좋다.
③ 개봉된 원두는 별도의 전용 용기보다 포장된 봉투에 보관하는 것이 좋다.
④ 개봉된 원두를 보관하는 경우 지퍼팩이나 외부의 공기가 들어오지 않는 밀폐용기를 이용하여 서늘한 상온에서 보관하는 것이 좋다.

91. 추출이 용이하게 적당량의 원두를 분쇄하여 필터 홀더에 담는 일련의 과정을 팩킹(packing)이라 하는데 이 과정과 관계없는 것은?

① 그라인딩(Grinding)　② 도징(Dosing)
③ 브루잉(Brewing)　④ 탬핑(Tamping)

92. 추출 시 물의 온도에 따라 커피의 향미가 달라지므로 적정온도를 지키는 것이 중요하다. 다음 중 에스프레소 기계를 이용하여 추출하기 위해 알맞은 물의 온도는?

① 99~100℃　② 96~98℃
③ 92~95℃　④ 88~92℃

93. 다음 중 에스프레소에 관한 설명으로 바르지 않은 것은?

① Espreso란 빠르다는 이탈리어에서 나온 말이다.
② 커피메이커나 드립퍼로는 에스프레소를 만들기 힘들다.

③ 크레마라는 황금색 크림층이 윗부분에 형성된다.

④ 에스프레소는 가압추출방식으로 농도가 짙고 카페인 함유량이 높다.

94. 다음 중 에스프레소 추출 순서를 올바르게 나열한 것은?

> ㉮ 오른손으로 필터홀더를 그룹에서 분리한다.
> ㉯ 커피 그라인더 스위치를 작동해서 원두를 분쇄한다.
> ㉰ 수평을 유지하면서 탬핑을 한다.
> ㉱ 필터홀더에 분쇄된 원두를 담는다.
> ㉲ 필터홀더를 장착하고 추출버튼을 누른다.

① ㉮ → ㉯ → ㉰ → ㉱ → ㉲ ② ㉮ → ㉯ → ㉱ → ㉲ → ㉰

③ ㉮ → ㉰ → ㉯ → ㉱ → ㉲ ④ ㉯ → ㉮ → ㉰ → ㉱ → ㉲

95. 에스프레소의 추출에서 좋은 크레마가 형성되기 위한 필수 조건이 아닌 것은?

① 정확한 수평 ② 알맞은 원두의 양

③ 강한 탬핑 ④ 적정한 물의 온도

96. 다음 중 우유 거품을 만드는 작업을 표현하는 용어는?

① 스티밍(Steaming) ② 도징(Dosing)

③ 에칭(Ecting) ④ 브루잉(Brewing)

97. 다음 중 에스프레소 기계를 이용하여 우유거품(Milk Foam)을 만드는 방법으로 가장 거리가 먼 것은?

① 차가운 우유를 사용하는 것이 좋다.

② 우유의 온도가 너무 올라가지 않도록 주의한다.

③ 스팀노즐의 깊이를 조절하여 우유의 온도와 거품을 생성한다.

④ 스팀의 강약을 조절하면서 우유의 온도와 거품을 생성하는 것이 좋다.

98. 다음 에스프레소 메뉴와 관련된 용어들 중에 바르지 못한 것은?

① 도피오(Doppio)는 "두배"라는 뜻으로 더블 에스프레소라고 부르는 메뉴이다.
② 데미타세(Demitasse)는 시간을 길게 주어서 추출하여 쓴맛을 더 강조한 에스프레소 메뉴이다.
③ 리스트레또(Ristrotto)는 짧은 시간에 추출한 15~20mm 이하의 적은 양의 에스프레소 메뉴이다.
④ 룽고(Lungo)는 시간을 길게 하여 35~45mm의 양을 추출한 에스프레소 메뉴이다.

99. 커피 후각에 관한 관능용어이다. 잘못 연결된 것은?

① chocolaty-초콜릿 향
② bouquet- 추출 커피 향기
③ flat- 빈약한 향
④ fragrance-볶은 커피 향기

100. 넬(nell)드립이라고도 하며 핸드 드립 중 가장 뛰어난 맛을 추출하는 방법은?

① 칼리타 추출
② 메리타 추출
③ 고노 추출
④ 융 추출

참·고·문·헌

가도와키 히로유키. 에스프레소 만들기. 우등지. 2007.
김일호. 커피의 모든 것. 백산출판사. 2014.
김재현. 루디's 커피의 세계, 세계의 커피. 스펙트럼북스. 2009.
김준영. 커피메이커스. 강릉커피박물관. 2014.
김창진 외. 커피소비 동향 및 다양한 드립커피 추출기술. 식품산업과 영양. 2014. 19(2).
도형수. 커피 브루잉. 아이비라인. 2014.
마크 펜더그라스트. 매혹과 잔혹의 커피사. 을유문화사. 2010.
박종만. 닥터만의 커피로드. 문학동네. 2013.
박한울 외. 세계 커피산업 동향. 한국농촌경제연구원 기타연구보고서. 2012. 9.
배재훈. 커피가 인체에 미치는 영향. 대구커피포럼. 2015. 9.
유대준. 커피의 이해.
이승훈. 올 어바웃 에스프레소. Coffee & Tea. 2010.
이정기 외. 홈카페마스터를 위한 커피지도사. ㈜커피투데이. 2012.
서진우. 커피 바이블. 대왕사. 2010.
정동준. 17세기 런던 커피하우스의 발전 요인. 서양사학연구. 2013. 12.
채치훈 외. 커피 국내 재배 현황. 산업동향. 2015. 4.
최풍운 외. THE COFFEE. 백산출판사. 2013.
최희준 외. 커피의 세계와 바리스타. 대왕사. 2011.
한국 바 & 레스토랑마스터협회. 한올출판사. 2013.
한혜숙 외. First Coffee. 한올출판사. 2013.
허형만. 허형만의 커피스쿨. 팜파스. 2009.
월간 「COFFEE SPACE」. 5-6호.
Enrico Maltony, Mauro Carli, COFFEEMAKERS. COFFEEMUSEUM. 2014.
www.icoffeentea.com
http://terms.naver.com(지식백과)
http://www.doopedia.co.kr(두산백과사전)
http://www.ico.org
http://www.scaa.org
경향신문. 2016. 02. 25.
삼성서울병원. 건강칼럼(건강의학선터).

저·자·소·개

■홍 경 옥

- 서울여자대학교 경영학박사
- 한국산업인력공단 면접, 출제위원
- 한국직업능력개발원 평가위원
- 경기도 투자심의위원
- 경영지도사
- 커피지도사/커피바리스타
- 한국커피학회 상임이사
- KASC Barista Award 챔피온십 심사위원
- 한국능력교육개발원 커피바리스타 심사위원

현) 신한대학교 글로벌관광경영학과 교수

에센스 커피

2016년 12월 20일 초 판 인쇄
2016년 12월 30일 초 판 발행

저 자 홍 경 옥
발행인 한 인 환
발행처 도서출판 기 문 사
등 록 1978. 8. 9. NO. 6-0637
주 소 서울시 동대문구 안암로 50-1(용두동) 홍신빌딩 3층
전 화 02) 2265-7214 / 922-8662~8663
팩 스 02) 922-8772

homepage : www.kimoonsa.co.kr
e-mail : book@kimoonsa.co.kr

ISBN : 978-89-7723-741-4 03570

저자와의 협의하에 인지생략

정가 : 19,000원